정치에 관한 11개의 노트

목적없는 수단

Mezzi senza fine: Note sulla politica
Copyright © 1996 Bollati Boringhieri Editore, s.r.l.
All Rights Reserved

Korean translation copyright © 2009 Nanjang Publishing House
Korean translation rights are arranged with Bollati Boringhieri Editore, s.r.l.
corso Vittorio Emanuele II, 86, 10121, Torino

이 책의 한국어판 저작권은 Bollati Boringhieri Editore와의 독점계약으로
도서출판 난장에 있습니다. 저작권법에 의해 한국 내에서 보호를 받는
저작물이므로 어떤 형태로든 무단전재와 복제를 금합니다.

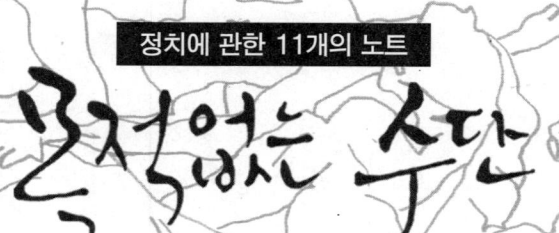

정치에 관한 11개의 노트

목적없는 수단

조르조 아감벤 지음 | 김상운·양창렬 옮김

기 드보르를 추모하며
Guy Debord, in memoriam

일러두기

1. 한국어판의 번역대본으로 사용한 이탈리아어판, 각주를 첨부하거나 교열하는 과정에서 참조한 프랑스어판·독일어판·영어판·일본어판은 순서대로 아래와 같다. 지은이가 사용한 텍스트의 출처 등 세부 서지사항에 관해서는 책의 뒷부분에 붙여놓은 「옮긴이 상세 주석」을 참조하라.
   - *Mezzi senza fine: Note sulla politica*, Torino: Bollati Boringhieri, 1996.
   - *Moyens sans fins: Notes sur la politique*, trad. Danièle Valin, Paris: Éditions Payot & Rivages, 1995.
   - *Mittel ohne Zweck: Noten zur Politik*, übers. Sabine Schulz, Zürich/Berlin: Diaphanes, 1996.
   - *Means Without End: Notes on Politics*, trans. Vincenzo Binetti and Cesare Casarino, Minneapolis: University of Minnesota Press, 2000.
   - 『人権の彼方に: 政治哲学ノート』, 高桑和巳 訳, 東京: 以文社, 2000.

2. 지은이가 이탤릭체로 강조한 대목은 모두 **견출명조체**로 표기했다.

3. 본문에 인용된 책이나 글의 내용 중 해당 한국어판이 있는 경우에는 각주(혹은 옮긴이 상세 주석)의 '[ ]' 안에 그 서지사항과 쪽수를 병기했다. 단, 해당 구절의 번역이 (이탈리아어) 원문과 뉘앙스에서 차이가 있다거나, 기타 내용상의 문제를 안고 있다고 판단된 경우에는 옮긴이가 부분적으로 수정했다.

4. 단행본·전집·정기간행물·팸플릿·영상물·음반물·공연물에는 겹낫표(『 』)를, 그리고 논문·논설·기고문·단편·미술 등에는 홑낫표(「 」)를 사용했다.

차례

서문 9

제1부
1. 삶-의-형태 13
2. 인권을 넘어서 24
3. 인민이란 무엇인가? 38
4. 수용소란 무엇인가? 47

제2부
5. 몸짓에 관한 노트 59
6. 언어와 인민 73
7. 『스펙터클의 사회에 관한 논평』에 붙이는 난외주석 82
8. 얼굴 102

제3부
9. 주권적 경찰 115
10. 정치에 관한 노트 120
11. 이 망명지에서: 이탈리아 일기, 1992~94년 130

옮긴이 상세 주석 155
원문 출처 179
간주곡 1 | Intermezzo 1
새로운 정치철학을 위한 아감벤의 실험실 181
찾아보기 229

서문

이 책에 수록된 각각의 텍스트는 특정한 정치적 문제를 나름의 방식으로 사유하려는 시도이다. 만일 오늘날 정치가 지속적으로 사라지는 중이고, 이 와중에 정치가 종교나 경제, 심지어 법과 비교해서도 하위에 있는 것으로 보인다면, 그것은 정치가 자신의 존재론적 지위를 의식하지 못함으로써 정치의 여러 범주와 개념을 점차 텅 비게 만든 변형을 마주 대하는 데 실패했기 때문이다. 그러므로 이어질 각 텍스트에서 우리는 흔히 정치적인 것으로 간주되지 않은(또는 기껏해야 주변적으로만 정치적인 것으로 간주됐을 뿐인) 경험과 현상 속에서 고유하게 정치적인 패러다임을 탐구할 것이다. 미셸 푸코가 진단한 생명정치에 따라 **폴리스**의 중심에 다시 놓이게 된 인간의 자연적 생명(옛날에는 고유하게 정치적인 영역에서 배제됐던 **조에**), 예외상태([법적] 질서의 일시적인 중단. 반대로 이것은 모든 근본적인 의미에서 [법적 질서의] 구조를 구성하는 것으로 밝혀진다), 강제수용소(공과 사가 구별되지 않는 지대地帶인 동시에 우리가 살고 있는 정치공간의 감춰진 모체), 인간과 시민 사이의 연결이 끊김으로써 주변적인 형상에서 근대 국민국가의 위기의 결정적 요소가 된 난민, [스펙터클에 의해] 비대해지는 동시에 수용收用되는 대상이자 우리가 살고 있는 민주주의-스펙터클 사회의 정치를 정의하고 있는 언어활동, 정치의 고유 영역인 순수 수단의 영역 혹은 몸짓의 영역(즉, 수단으로 남아 있으면서 목적과의 관계로부터 해방된 수단의 영역) 등이 그런 경험과 현상이다.

여기에 수록된 텍스트는 모두 각기 다른 방식으로, 그리고 해당 텍스트가 생겨난 상황에 따라서 여전히 열려 있는 실험실과 마찬가지이다(이 실험실의 첫 번째 결실이 1995년 토리노의 에이나우디 출판사에서 나온 『호모 사케르: 주권권력과 벌거벗은 생명』이다). 이어질 각 텍스트는 때로는 그 실험실의 원초적 중핵을 예고하고, 때로는 단편과 파편을 제시한다. 이처럼 각 텍스트는 최종작업의 관점에서만, 즉 주권권력과 벌거벗은 생명의 관계에 비추어 우리 정치 전통의 모든 범주를 다시 사유하는 한에서만 그 참뜻이 발견되게끔 되어 있다.[1]

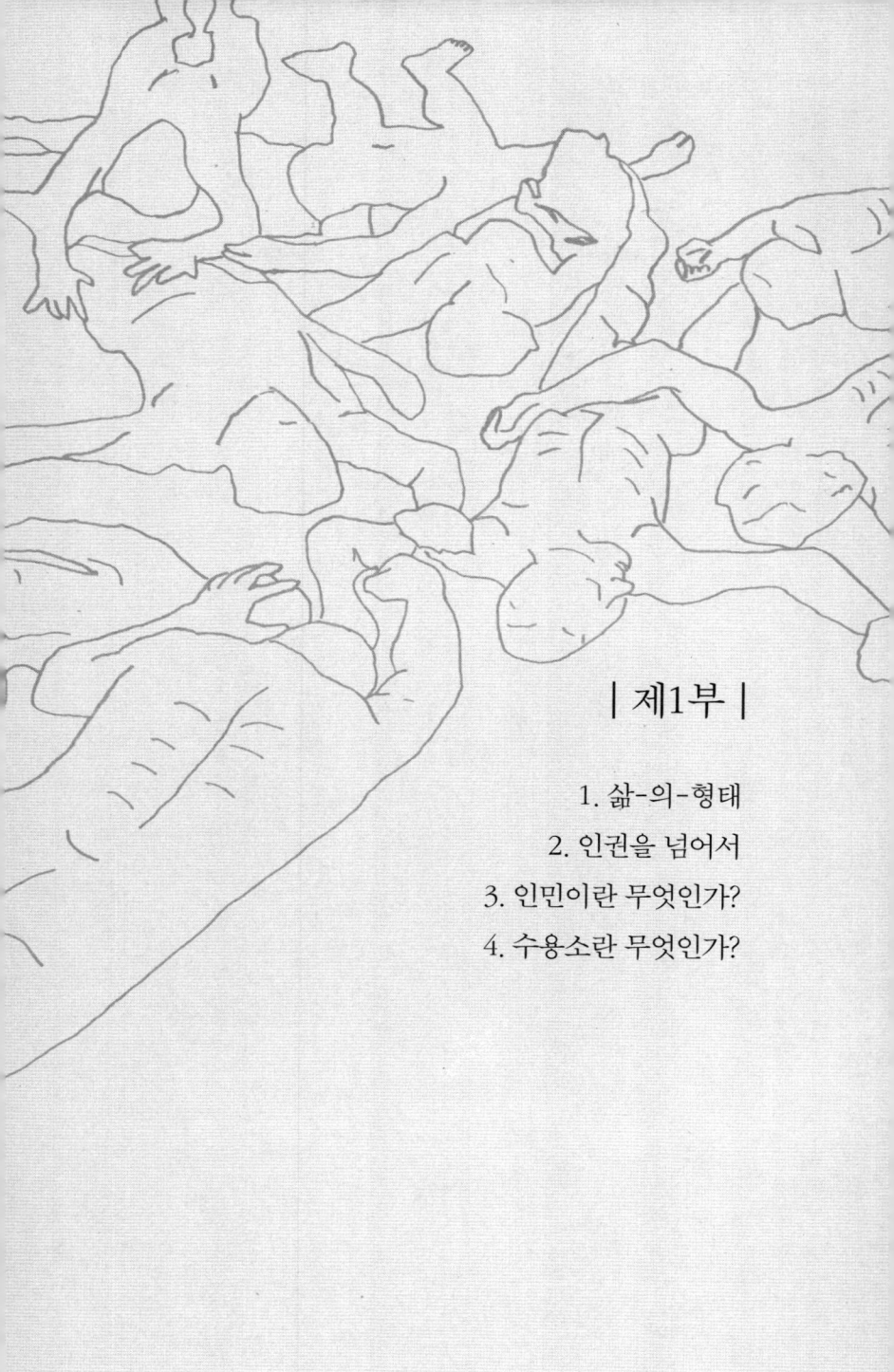

제1부

1. 삶-의-형태
2. 인권을 넘어서
3. 인민이란 무엇인가?
4. 수용소란 무엇인가?

Mezzi senza fine

1. 삶-의-형태

1. 그리스인들에게는 우리가 [오늘날] **생명**이라는 말로 이해하는 것을 표현하기 위한 단일한 용어가 없었다. 그리스인들은 의미론적으로나 형태론적으로 구분되는 두 용어를 사용했다. 즉, 모든 생명체(동물, 인간 혹은 신)에 공통되는 살아 있다는 단순한 사실을 표현하는 **조에**^{zoē}, 한 개인이나 집단에 고유한 살아가는 방식이나 형태를 의미하는 **비오스**^{bios}. 근대의 언어들에서는 이 대립이 어휘에서 차츰 사라져갔다. (**생물학**^{biologia}이나 **동물학**^{zoologia}에서처럼 그 대립이 남아 있더라도 그것은 더 이상 어떤 실질적인 차이를 보여주지 않는다). [오늘날에는 '생명'이라는] 단 하나의 용어(그 지시대상이 신성화됨에 따라 그 뜻도 불명료해진 용어)만이 [조에와 비오스 사이의] 공통된 벌거벗은 전제를 가리키는데, 저 공통된 전제를 무수한 삶의 형태 각각 안에 고립시켜버리는 것은 언제든 가능하다.

반대로 **삶-의-형태**라는 용어를 통해서 우리는 그 형태와 결코 분리할 수 없는 삶, 그것으로부터 벌거벗은 생명 같은 것을 결코 고립시킬 수 없는 삶을 가리킨다.

2. 그 형태와 분리될 수 없는 삶이란, 살아가는 방식 속에서 삶 자체가 문제가 되는 삶, 살아가는 와중에 무엇보다 살아가는 방식 자체가 문제가 되는 삶이다. 이 표현은 무슨 뜻인가? 이 표현은 어떤 삶(인간의 삶)을 정의한다. 이 삶에서는 살아가는 모든 방식, 모든 행위, 모든 과정이 결코 단순한 **사실**이 아니라 항상 무엇보다 삶의 **가능성**이며, 항상 무엇보다 역량*이다. 인간이 살아가는 모든 행동과 형태는 결코 특정한 생물학적 사명에 의해 미리 정해져 있는 것도, 임의의 필연에 의해 부여되는 것도 아니다.1) 제아무리 습관적이고, 반복되고, 사회적 의무로 간주된다고 하더라도 인간이 살아가는 모든 행동과 형태는 항상 가능성이라는 특성을 보존하고 있다. 달리 말해 항상 살아가는 것 자체를 문제 삼는다. (역량을 지닌 존재, 다시 말해서 제작할 수도 있고 제작하지 않을 수도 있는, 성공할 수도 실패할 수도 있는, 자신을 잃을 수도 발견할 수도 있는 존재로서의) 인간은 삶에 있어서 행복이 문제가 되는 유일한 존재이며, 인간은 치유할 수 없을 정도로, 고통스러울 정도로 삶이 행복에 부여되어 있는 유일한 존재이다.2) 하지만 이 사실 자체가 곧 삶-의-형태를

---

* Potenza. 번역어의 일관성을 위해 가급적 '역량'으로 옮기긴 했으나 이 단어에는 '잠재성'이라는 의미도 있다는 데 유의해야 한다. 따라서 논의의 맥락상 '잠재성'이나 '잠재태'로 옮긴 경우도 있다.

정치적 삶으로 구성한다("도시란 인간들이 살기 위해서, 잘 살기 위해서 설립한 공동체이다."Civitatem ······communitatem esse institutam propter vivere et bene vivere hominum in ea).3)

3. 이와 반대로 오늘날 우리가 알고 있는 정치권력은 항상 최종심에서는 삶의 형태라는 맥락에서 벌거벗은 생명의 영역을 분리해내는 데 기초하고 있다. 로마법에서 **생명**은 법적 개념이 아니라 단순히 살아 있다는 사실, 혹은 개별적인 삶의 양식을 가리킬 뿐이다. **생명**이라는 용어가 (삶이라는 용어를 진정한 **전문용어**로 변화시킨) 법적 의미를 획득하게 되는 경우는 딱 한 번뿐이다. 생살여탈권 vitae necisque potestas이라는 표현이 그 경우인데, 이것은 **아버지**가 제 아들을 살리고 죽일 수 있는 권력을 가리키는 것이었다. 얀 토마가 보여줬듯이 이 정식에서 '~que'는 선언적選言的[양자택일적] 가치를 갖는 것이 아니며 **생명**은 **죽음**nex, 즉 죽일 수 있는 권력의 필연적 귀결[파생명제]일 뿐이다.**

** Yan Thomas, "Vitae necisque potestas: Le père, la cité, la mort," *Du châtiment dans la cité: Supplices corporels et peine de mort dans le monde antique*, éd. Yan Thomas, Roma: L'École française de Rome, 1984. 특히 508~510, 544쪽을 참조. '~que'가 선언적이지 않다는 말은 다음과 같은 의미이다. 라틴어에서는 두 개의 명사 A와 B를 나열하면서 후자에 '~que'를 붙이면, 'A 및 B'라는 의미가 된다. 이런 점에서 삶과 죽음처럼 양립하지 않는 것(생[生]과 사[死])이 문제가 될 경우에는 '및'의 뜻이 아니라 살게 할 것인가 아니면 죽일 것인가라는 두 개의 권력(능력)이 마치 양자택일처럼 대등하게 병치되어 있는 것으로 생각되기 쉽다. 그렇지만 아감벤이

이처럼 삶은 본래 단순히 목숨을 위협하는 권력의 반대항 [부수항^{附隨項}]으로서만 법에 출현한다. 그러나 **아버지**의 생살여탈권에 유효한 것은 주권권력^{imperium}에는 더더구나 유효하다. 생살여탈권은 주권권력의 원초적 중핵을 구성한다. 따라서 토머스 홉스가 주권을 정립할 때 자연상태에서의 삶은 그 존재가 죽음의 위협에 무조건 노출되어 있다는 사실(만인에 대한 만인의 무제한적인 권리)에 의해서만 정의된다. 정치적 삶, 즉 리바이어던의 보호 아래에서 전개되는 삶도 그와 똑같은 삶에 불과할 뿐이다. 이제 오로지 주권자의 수중에 달린 [죽음의] 위협에 노출되어 있는 그런 삶.4) 국가권력을 정의해주는 절대적이고 영속적인 역량5)은 결국 어떤 정치적 의지가 아니라, 주권자(또는 법)의 생살여탈권에 복속되는 한에서만 보존되고 보호될 수 있는 벌거벗은 생명에 기초한다(바로 그런 것이 인간 삶을 지칭하는 데 쓰이곤 하는 **성스러운**^{sacer}이라는 형용사의 본래 의미이다). 매번 주권자가 결정하는 예외상태는 정확히 말해 (정상적인 상황 속에서는 다양한 사회적 삶의 형태에 결합된 듯 보이는) 벌거벗은 생명이 정치권력의 궁극적인 토대로서 분명하게 다시금 소환되는 상태이다. 사회에서 배제시키는 동시에 그 안에 포함시켜야 하는 궁극적 주체는 항상 벌거벗은 생명이다.

(토마에 의거해) 언급하는 것은 두 개가 대등하게 나열되는 것이 아니라 생명이 죽음이나 살해의 대립항으로써 이차적으로 수립된다는 것이다.

4. "억압받는 자들의 전통은 우리가 그 속에 살고 있는 예외상태가 규칙이 됐음을 가르쳐준다. 우리는 이에 상응하는 역사의 개념에 도달하지 않으면 안 된다."6) 발터 벤야민의 이 진단은 벌써 50년이 지난 것이지만 그 시의성을 전혀 잃지 않았다. 오늘날 권력이 긴급상태 외에는 그 어떤 [자기] 정당화 형식도 갖지 못하며, 도처에서 끊임없이 긴급상태에 호소하는 동시에 비밀리에 그런 상태를 창출해내려는 수작을 부리기 때문이 아니다. 또는 그 때문만은 아니다(이제는 긴급상태라는 토대 위에서만 기능할 수 있을 뿐인 어느 체계가 그 어떤 대가를 치르더라도 이 상태를 유지하고자 혈안이 되어 있다고 어떻게 생각하지 않을 수 있겠는가?). 또한, 아니 특히 벤야민의 진단이 시의성을 잃지 않은 것은 주권의 감춰진 토대를 구성했던 벌거벗은 생명이 그동안 도처에서 지배적인 삶의 형태가 되어버렸기 때문이다. 정상적인 것이 되어버린 예외상태에서 삶은 모든 영역에서 삶의 형태가 단일한 삶-의-형태로 응집되지 못하도록 그 형태 자체를 분리해내는 벌거벗은 생명이다. 칼 맑스가 말한 인간과 시민의 분열7)은 이렇게 주권의 궁극적이자 불투명한 담지자인 벌거벗은 생명, 그리고 전적으로 이 벌거벗은 생명에 기초해 있지만 법적-사회적 정체성(유권자, 피고용자, 저널리스트, 학생, 에이즈 바이러스 보균자, 복장도착자, 포르노 스타, 노인, 부모, 여성) 등 추상적으로 재코드화된 여러 삶의 형태 사이의 분열로 대체된다(그 자체의 형태와 분리되어 비천한 상태8)에 있는 벌거

벗은 생명을 상위의 원리, 즉 주권9)이나 신성한 것으로 바꿔버린 것이 조르주 바타이유의 사상의 한계이다. 그렇게 하면 우리는 벌거벗은 생명이라는 개념을 사용할 수 없게 되어버린다).

5. "오늘날 문제가 된 것은 생명"이며, 따라서 정치는 생명정치적인 것이 됐다는 푸코의 테제는 이런 의미에서 본질적으로 정확하다.10) 다만 여기에서는 이 변환의 의미를 어떻게 이해할 것인가가 결정적이다. 사실 생명윤리나 생명정치에 관한 오늘날의 논의에서 문제시되지 않았던 것, 따라서 무엇보다도 먼저 물어볼 필요가 있는 것은 생명이라는 생물학 개념이다. 폴 레비노우가 대칭적으로 대립시킨 두 모델(백혈병에 걸려 자기 생명을 끝없는 연구와 실험의 연구소로 만들어버린 어느 과학자의 **실험적 생명**experimental life, 이와 반대로 생명이 신성한 성격을 지녔다는 명목 아래 개인적인 윤리와 기술과학 사이의 이율배반을 격화시키는 삶)은 사실 모르는 사이에 모두 벌거벗은 생명이라는 성질을 띤다. 오늘날 과학적 개념의 외양을 띤 채 나타나는 이 벌거벗은 생명이라는 개념은 사실 세속화된 정치적 개념이다(엄밀한 과학적 관점에서 보면 생명이라는 개념은 아무런 의미가 없다. 메더워 부부는 이렇게 적고 있다. "생물학에서 **생명과 죽음**이라는 단어의 실제 의미를 놓고 토론하는 것은 대화수준이 낮음을 보여주는 지표에 불과하다. 이 단어들에 본래적인 의미 따위란 없다. 그러니 더 세심하게 깊이 연구한다 한들 본래적인 의미

같은 것이 밝혀질 리 만무하다"[11]).

여기서 사람들이 자주 모르고 지나치지만 권력체계에서 의학적-과학적 이데올로기가 결정적인 기능을 차지한다는 사실, 그리고 정치적 통제를 목적으로 과학을 빙자하는 사이비 개념의 사용이 증가하고 있다는 사실이 따라 나온다. 즉, 주권자가 각각의 상황에서 삶의 형태에 대해 조작해왔던 벌거벗은 생명의 추출과 똑같은 추출이 오늘날에는 신체, 질병, 건강에 관한 사이비-과학적 표상에 의해, 또한 삶과 개인의 상상력이라는 보다 광범위한 영역을 '의료화'함으로써 대대적이고 일상적으로 실현되고 있다. 벌거벗은 생명의 속화(俗化)된 형태인 생물학적 생명은 말로 표현할 수 없고 불가침적이라는 점에서 벌거벗은 생명과 공통점이 있다. 그리하여 생물학적 생명은 현실의 삶의 형태를 문자 그대로 **생존**이라는 형태로 만들어버린다. 그리고 생물학적 생명은 폭력, 외국인 신분, 질병, 사고(事故) 속에서 곧바로 현실화될 수 있는 불분명한 위협인 양 그 생존의 형태 속에 생각되지 않은 채 남아 있게 된다. 이 생물학적 생명은 권력자들의 바보 같은 가면 뒤에서 우리에게 시선을 보내는 보이지 않는 주권자이다. 권력자들은 이것을 알든 알지 못하든 이 생물학적 생명의 이름으로 우리를 통치한다.

6. 정치적인 삶, 즉 행복이라는 관념으로 정향되고 삶-의-형태 안에 응집되는 그런 삶은 이런 분열에서 해방됨으로써만, 일체

의 주권으로부터 돌이킬 수 없는 엑소더스[탈출]를 감행함으로써만 사유될 수 있다. 따라서 비국가적인 정치의 가능성에 대한 질문은 반드시 다음과 같은 형태를 띤다. 오늘날 삶-의-형태 같은 뭔가를 파악할 수 있는가? 즉, 살아가는 와중에 삶 자체가 문제가 되는 삶, 곧 **역량의 삶**이 가능한가?

우리는 삶의 형태를 [삶을 그 형태로부터] 분리할 수 없는 맥락으로, 즉 삶-의-형태로 구성하는 관계를 **사유**라고 부른다. 우리는 한 기관이나 정신적 능력을 개인적으로 행사하는 것을 사유라고 부르지 않는다. 사유란 삶과 인간 지성의 잠재적 성격을 그 대상으로 하는 경험/실험^{experimentum}이다. 사유한다는 것은 단순히 이런저런 사물, 현실태로 존재하는 이런저런 사유의 내용에 의해 [자신이] 변용됨을 의미하는 것이 아니다. 오히려 자기 자신의 수용성에 의해 변용되는 동시에 각자의 사유 속에서 사유하기라는 순수한 역량을 경험하는 것을 의미한다 ("사유는 그 본성이 잠재태로 있는 존재이기에 …… 현실태적으로 사유 대상이 될 때에도 …… 어떤 의미에서는 역시 잠재태로 남아 있으며, 따라서 사유 자체로 사유될 수 있다"[12]).

단지 내가 항상 이미 그저 현실태로 존재하는 것이 아니라 가능성과 역량을 가질 수 있다면, 그리고 단지 내가 겪고 이해한 것 속에서 매번의 삶과 이해 자체가 있을 수 있다면, 달리 말해 이런 의미에서 사유가 있을 수 있다면, 삶의 형태는 그 자신의 사실성^{facticità}과 사물성^{cosalità}에 있어서 **삶-의-형태**가 될 수 있을 것이며, 이런 삶-의-형태에서는 벌거벗은 생명 같은 뭔가를 고립시키는 일이 전적으로 불가능해질 것이다.

7. 여기서 논하고 있는 사유의 경험이란 항상 공통된 역량의 경험이다. 공동체와 역량은 여지없이 완전히 서로 동화된다. 왜냐하면 각자의 역량에 공동체의 원리가 내재한다는 것은 모든 공동체가 가진 필연적으로 잠재적인 특성의 기능이기 때문이다. 항상 이미 현실태일 뿐인 존재들, 항상 이미 이런저런 것, 이런저런 정체성일 뿐인 존재들, 그것들에 완전히 자신의 역량을 탕진해버린 존재들 사이에서는 어떤 공동체도 있을 수 없으며, 그저 일치나 사실적인 구분만이 있을 뿐이다. 다른 사람들에게도 마찬가지이지만 우리 안에 잠재적인 상태로 남아 있는 것을 통해서만 우리는 다른 사람들과 소통할 수 있다. (벤야민이 언어에 대해 통찰했듯이) 모든 소통은 무엇보다 [이미 현실태로 있는] 공통된 것의 소통이 아니라 [잠재적인] 소통가능성의 소통이다.[13] 다른 한편으로, 유일한 하나의 존재가 있었다면 그 존재는 절대로 무능했을 것이다(바로 이 때문에 신학자들은 신이 무無로부터, 다시 말해서 절대로 아무런 역량도 없는 상태에서 세상을 창조했다고 주장한다). 그리고 내가 할 수 있는 [역량 혹은 잠재력을 갖는] 곳에서, 우리는 항상 이미 여럿이다(마찬가지로 언어, 즉 말할 수 있는 역량이 있다면, 그 언어를 말할 수 있는 유일한 하나의 존재만 있을 수는 없다).

따라서 근대 정치철학은 사색, **사변적인 삶**$^{\text{bios theoreticos}}$을 분리되고 고독한 활동("혼자의 다른 혼자에 대한 망명")으로 만들어버린 고전적 사유를 가지고 시작했던 것이 아니라 아베로에스주의, 다시 말해서 모든 인간들에게 공통된 유일한 가능지성의 사유를 가지고 시작했던 것이다.14) 그리고 정확히 이 점에서 단테 알리기에리는 『제정론』에서 사유의 역량 자체 안에 **물티투도***15)가 내재해 있음을 주장했다.

> 인간의 사유능력은 한 인간이나 특수한 한 공동체에 의해 통째로 그리고 동시적으로 현실화될 수 없기 때문에, 인류에게 물티투도가 있어야 한다(이것을 통해서 이 전체 [사유]능력이 실현될 수 있다). …… 전체적으로 봤을 때 인류의 과제는, 첫째는 사색하기 위해서 그리고 결국 행동하기 위해서 가능지성의 모든 능력을 끊임없이 실현하는 것이다.16)

사회적 역량으로서의 지성과 맑스가 말한 **일반지성**17)은 이런 경험의 전망 속에서만 그 의미를 획득한다. 일반지성은 사유의 역량 그 자체에 내재하는 **물티투도**를 명명한다. 지적 능력, 사유는 삶과 사회적 생산이 절합되는 여타의 다른 삶 중 하

---

* Multitudo. '물티투도'는 다양함 혹은 다중이 될 수 있는 잠재성 등으로 이해될 수 있을 것이나, 다의성을 살리기 위해 따로 번역하지 않는다(더 자세한 내용으로는 '옮긴이 상세 주석 15번'을 참조하라).

나의 삶의 형태가 아니라, **다양한 삶의 형태를 삶-의-형태로 구성해내는 통일의 역량**이다. 모든 영역에서 벌거벗은 생명을 삶의 형태와 분리함으로써만 자신을 긍정할 뿐인 국가의 주권성에 맞서, 지적 능력과 사유는 삶과 그 형태를 끊임없이 다시 묶어주고 삶과 형태가 분리되는 것을 막아주는 역량이다. 적대적인 역량과 삶-의-형태로서의 지적 능력은 생산과정 안에 사회적 지식을 단순히 대량으로 집어넣는 것(이것은 현 단계 자본주의[스펙터클의 사회]를 특징짓는다)과는 다른데, 이 차이는 이런 [삶과 형태의] 응집과 분리불가능성이라는 경험을 거친다. 사유는 삶-의-형태, 즉 그 형태로부터 분리될 수 없는 삶이다. 이런 분리불가능한 삶의 내밀함이 드러나는 도처에, 신체적 과정과 익숙한 삶의 양식의 물질성 속에, 또한 이론 안에, 거기, 바로 거기에만 사유가 있다. 그리고 이 사유, 이 삶-의-형태는 벌거벗은 생명일랑 '인간'과 '시민'(이들은 임시적이나마 벌거벗은 생명의 외양을 띠며, 그 벌거벗은 생명을 그네들의 '권리'로 제시한다)에게 내버려두고, 도래하는 정치의 길잡이 개념이자 단일한 중심이 되어야만 한다.

2. 인권을 넘어서

1. 1943년 한나 아렌트는 영어로 발행되는 소규모 유대인 잡지 『메노라 저널』에 「우리 난민들」이라는 글을 발표했다.1) 이 짧지만 중요한 글의 끝 부분에서 콘 씨의 초상(150%의 독일인, 150%의 오스트리아 빈 사람, 150%의 프랑스인이었던 뒤에, 결국 "우리는 두 번 출세할 수 없다"*는 사실을 쓰라리게 깨달아야 했던 동화된 유대인)을 논쟁적으로 그려낸 뒤, 아렌트는 자신이 겪은 난민 혹은 무국적자의 조건을 뒤집어 이 조건을 새로운 역사의식의 패러다임으로 제시한다. 모든 권리를 상실했지만

---

* "On ne parvient pas deux fois." 오노레 드 발자크의 소설 『카디냥 대공 부인의 비밀』(*Les Secrets de la princesse de Cadignan*, 1839)에 나오는 구절. 한나 아렌트는 「우리 난민들」에서 콘 씨의 초상을 통해, 가는 나라마다 그곳에 동화되기 위해 150%의 애국시민으로 행동하고 성공하기 위해 수단과 방법을 가리지 않았던 파브뉘(Parvenu, 벼락부자)와, 유대인이라는 이유로 언제나 법 바깥에 놓일 운명임을 직시하고 오히려 어느 국적에도 소속되지 않고 의식적인 천민으로 남기를 자처한 소수의 '자각적인 파리아(Pariah, 천민)'를 구분한다. 아렌트는 파브뉘가 발자크의 위대한 지혜, "우리는 두 번 출세할 수 없다"를 깨닫지 못한 자들이라고 비판한다.

무슨 일이 있더라도 새로운 국적에 동화되는 걸 바라지 않고, 오히려 각자가 처한 조건을 명석하게 관조하고 싶어 한 난민들은 [그 어느 곳에서도, 그 누구에게도] 확실히 공인받지 못한 대가로** 귀중한 이점을 누리게 된다. "이들에게 역사는 더 이상 덮인 책이 아니며, 정치도 더 이상 비유대인들의 특권이 아니게 된다. 그들은 유럽에서 유대 민족이 추방된 뒤 곧바로 유럽 민족들 대부분의 추방이 이어졌음을 안다. 이 나라에서 저 나라로 쫓겨난 난민들은 그네들의 민족의 전위를 대표한다."[2]

우리는 정확히 50년이 지난 오늘날에도 그 시의성을 잃지 않은 이 분석의 의미를 숙고해봐야 한다. 이 문제는 유럽 안팎에서 똑같이 긴급하게 제기되고 있다. 뿐만 아니라 이제 멈출 수 없는 것이 되어버린 국민국가의 쇠퇴와 전통적인 법적-정치적 범주의 전반적인 해체 속에서, 난민은 어쩌면 오늘날 생각할 수 있는 인민의 유일한 형상이다. 그리고 적어도 국민국가와 그 주권의 와해과정이 완전히 끝나지 않은 이상, 난민은 오늘날

** "In cambio di una sicura impopolarità." 이 원문은 옮기기가 쉽지 않다. 먼저 이탈리아어 '임포폴라리타'(impopolarità)에는 "평판 나쁨, 인기 없음"이라는 사전적 의미가 있으니 "확실한 비대중성의 대가로"라고 옮길 수도 있다. 왜냐하면 대부분의 유대인들이 파브뉘가 됐던 반면, 자각적인 파리아는 유대인들 사이에서 인기 없는 소수파를 형성했기 때문이다. 한편, 이 단어를 비국가성(비민족성)으로 읽으면 위 문장을 "확실한 비국가성의 대가로"로 옮길 수도 있다. 이 경우, 위 문단 전체에 걸쳐 논의 중인 '난민 및 무국적자들'(비국가성의 화신들)이 어떤 국가의 정체성도 받아들이지 않음으로써 오히려 다른 이점을 누리게 된다는 의미가 더 두드러지게 된다.

도래하는 정치공동체의 형태와 그 한계를 알 수 있게 해주는 유일한 범주이다. 만일 우리가 맞닥뜨린 완전히 새로운 과제를 처리하고자 한다면, 우리는 지금까지 정치적인 것의 주체를 대표해온 근본 개념들(권리를 가진 인간과 시민, 또한 주권자로서의 인민, 노동자 등)을 지체 없이 포기하고, 난민이라는 이 둘도 없는 형상에서 우리의 정치철학을 재구축해야 할 것이다.

2. 난민이 대규모 현상으로서 처음 출현한 것은 제1차 세계대전의 막바지이다. 그때는 러시아, 오스트리아-헝가리, 오스만 제국의 붕괴, 그리고 평화조약에 의해 창출된 새로운 질서가 중부·동부 유럽의 인구와 영토의 상태를 근본적으로 뒤흔들었다. 아주 짧은 시간에 약 1백50만 명의 벨라루스인, 70만 명 정도의 아르메니아인, 50만 명의 불가리아인, 1백만 명의 그리스인, 그리고 독일인·헝가리인·루마니아인 수만 명이 조국을 떠나 다른 곳으로 이주했다. 이처럼 이동 중이던 무리들에 다음과 같은 상황, 즉 국민국가를 모델 삼아 평화조약을 체결함으로써 세운 새로운 국가조직(예를 들어 유고슬라비아와 체코슬로바키아)의 인구 중 30% 정도가 대개 사문화된 채로 있었던 일련의 국제조약(이를테면 소수민족조약*)에 의거해 보호받아야

---

* Minority Treaties. 제1차 세계대전 이후인 1919~20년 국제연맹의 보장 아래 동유럽을 주축으로 한 유럽 13개국이 체결한 조약으로, 소수민족을 보호하고 이들을 자국민과 동등하게 대우해야 한다고 규정하고 있다.

만 하는 소수민족이었다는 사실을 덧붙여야 한다. 불과 몇 년 뒤에 독일의 인종차별법과 스페인 내전을 거치면서 다수의 새로운 난민이 유럽 전역으로 뿔뿔이 흩어지게 됐다.

우리는 무국적자와 난민을 구별하는 데 익숙하다. 그렇지만 이 구별은 예나 지금이나 언뜻 보이는 것처럼 간단하지 않다. 엄밀히 말해서 처음에는 무국적자가 아니었던 많은 난민들이 조국으로 돌아가기보다는 오히려 무국적자가 되기를 선호했다(전쟁이 끝날 무렵 프랑스나 독일에 살던 폴란드계 유대인과 루마니아계 유대인의 경우가 그랬으며, 오늘날 정치적으로 박해를 받는 사람들이나 조국으로 돌아가면 살아남을 수 없는 사람들의 경우가 그렇다). 다른 한편, 러시아·아르메니아·헝가리 출신 난민들은 소비에트 정부나 터키 정부, 그리고 기타 새로운 정부에 의해 국적을 즉각 박탈당했다. 여기에서 중요하게 지적해야 하는 것은 제1차 세계대전 때부터 많은 유럽 국가들이 자국 시민의 귀화국적박탈denaturalizzazione과 국적박탈denazionalizzazione을 허용하는 법을 도입하기 시작했다는 것이다. 가장 먼저 프랑스는 1915년에 '적성국가' 출신의 귀화시민에 관한 법을 선포했다. 이어 1922년에는 벨기에가 전쟁 동안 '반국가적/반민족적' 행위를 저지른 시민의 귀화를 철회했다. 1926년에는 이탈리아의 파시스트 정권이 "이탈리아 시민권을 지닐 자격이 없다"고 드러난 시민과 관련해 유사한 법을 공표했다. 1933년에는 오스트리아의 차례였고, 자국 시민들을 모든 권리를 지닌 시민과 정치적 권리가 없는 시민으로 분할한 독일의 뉘른베르크법은 1935년까지도 계속됐다. 이런 법들(그리고 그 결과 생겨나게 된 대량의 무국적자)은 근대 국민국가의 삶에서 어떤 결정적인 전환점을 표시하는 것이자, 인민과 시민이라는 소박한 관념으로부터의 결정적인 해방을 나타낸다.

여기서 여러 국가와 국제연맹, 또 그 뒤의 국제연합이 난민 문제를 다루기 위해 설립한 각종 국제위원회의 역사를 재차 서술하려는 것은 아니다. 러시아와 아르메니아 난민을 위한 난센사무국(1921년)에서 시작해 독일난민고등판무관(1936년), 정부간 난민위원회(1938년), 국제연합의 국제난민기구(1946년), 오늘날의 국제연합난민고등판무관사무국*(1951년)에 이르기까지, 이런 위원회의 활동은 그 지위상 결코 정치적인 성격을 띠지 않았으며 '인도적이고 사회적인' 성격만을 띠고 있었다. 중요한 것은 난민이 더 이상 개별적인 사례가 아니라 (양차 세계대전 사이에, 그리고 지금 또 다시 일어나고 있는 것처럼) 대규모 현상을 띨 때마다, (개별 국가들이 그랬듯이) 이런 조직들은 양도할 수 없는 인권을 중심으로 언급해도 절대 문제를 해결할 수도, 적합하게 처리할 수도 없었음이 입증됐다는 점이다. 그리하여 모든 물음이 경찰의 수중으로, 그리고 휴머니즘[인도주의]을 표방하는 단체의 수중으로 넘어갔다.

---

* 국제난민기구의 후신격으로 국제연합경제사회이사회 산하 기관이다.

3. 이런 무능은 관료장치의 자기중심성과 맹목 때문에만 발생하는 것이 아니다. 오히려 국민국가의 법적 질서에서 **출생**^{nativo} (즉, 생명의) 등록을 관장하는 기본 개념들이 지닌 모호성 때문에 발생하기도 한다. 아렌트는 난민 문제에 할애한 『제국주의』의 5장에 「국민국가의 몰락과 인권의 종말」이라는 제목을 붙였다.3) 우리는 인권의 운명과 근대 국민국가의 운명을 뗄 수 없이 연결시키는 이 정식화를, 국가의 쇠퇴는 필연적으로 인권의 위축을 함축한다는 방식으로 진지하게 받아들여야만 한다. 여기에서 역설은 그 무엇보다 인권을 구현해야 할 형상인 난민이 거꾸로 그 개념의 근본적 위기를 표식하게 됐다는 것이다. "인간이라는 존재 자체가 실존한다는 가정에 기초한 인권 개념은, 이 개념을 앞장서서 외쳤던 사람들이 인간이라는 순수한 사실[벌거벗은 생명으로서의 인간이라는 사실]을 제외한 여타의 모든 성질과 특정한 관계를 상실한 사람들과 처음 대면하자마자 파산할 것"4)이라고 아렌트는 말했다. 국민국가 체계에서 소위 신성하고 양도불가능한 인권은 어느 한 국가의 시민권이라는 형태를 더 이상 띠지 못하게 되자마자 모든 후견인을 상실한다. 잘 생각해보면 이 점은 1789년 선언, 즉 "인간과 시민의 권리선언"이라는 제목 자체의 모호함 속에 함축되어 있다. 거기에서는 [인간과 시민이라는] 두 용어가 두 개의 구분되는 실재를 지칭하는 것인지, 반대로 사실상 전자가 후자에 이미 항상 포함되는 중언법重言法을 이루는지 명확하지 않다.

있는 그대로의 순수한 인간 같은 존재가 들어설 수 있는 자율적인 공간이 국민국가의 정치 질서에 없다는 것은 적어도 다음과 같은 사실 때문에 분명하다. 심지어 최선의 사례에서도, 난민의 지위는 항상 귀화 또는 본국송환에 이를 수밖에 없는 일시적인 조건으로 여겨져왔다는 사실 말이다. 있는 그대로의 인간이 누릴 수 있는 안정적인 [법적] 지위는 국민국가의 권리 안에서는 생각할 수 없다.

4. 1789년에서 오늘날에 이르는 권리선언들의 목표가 초법적인 영원한 가치를 선포해 입법자로 하여금 권리를 존중하게 만드는 것이었다는 식으로 보는 건 그만두자. 이제는 근대 국가에서 수행한 실질적 기능에 따라 그 권리선언들을 고찰해야 할 때이다. 사실 무엇보다 인권은 벌거벗은 자연적 생명이 국민국가의 법적-정치적 질서에 등록됐다는 시초의 형상을 나타내는 것이다. 구체제에서는 신에 속해 있었고, 고대에는 정치적 삶(비오스)과 명확히 구별된 것(조에)이었던 벌거벗은 생명(인간이라는 피조물)은 이제 국가의 관리[체제] 아래에서 전면에 등장하게 되며, 소위 국가의 현세적인 기반이 된다. 국민국가란 출생이나 탄생^{nascita}(즉, 인간의 벌거벗은 생명)을 자기 주권의 기반으로 삼는 국가를 뜻한다. 이것이 1789년 선언의 처음 세 개 조항이 뜻하는 바이다(심지어 이 의미는 감춰져 있지도 않다). 모든 정치결사체의 중심에 출생이라는 요소를 등록

시켰기 때문에(1조와 2조), 이 선언은 주권의 원리를 (원래 단순히 '출생'을 의미하는 '나티오'[natio]라는 어원을 따라서) 국민 nazione과 밀접하게 연결시킨다(3조).*

따라서 권리선언은 신적 기원을 가진 왕의 주권에서 국민주권으로의 이행이 실현되는 장소로 간주되어야 한다. 권리선언은 구체제의 붕괴 뒤에 나타난 새로운 국가질서에 삶이 편입되도록 보장해줬다. 권리선언을 통해 **신민**suddito이 **시민**cittadino으로 전환됐다는 사실은 출생, 즉 자연적인 벌거벗은 생명 자체가 여기에서 처음으로(이런 전환의 생명정치적 귀결을 우리는 이제야 가늠하기 시작할 수 있다) 주권의 직접적인 담지자가 됐음을 의미한다. 구체제에선 출생의 원리와 주권의 원리가 분리되어 있었지만, 이제 이 두 원리는 돌이킬 수 없을 정도로 결합되어 새로운 국민국가의 토대를 구성한다. 이 허구/의제finzione가 함축하는 바는, **태어나는** 즉시 **국민**이 된다는 것이다. 이 두 계기 사이에는 어떤 간극도 없게 된다. 이처럼 권리는 인간이 즉각적으로 사라지는 **시민**의 전제(사실상 그 자체로는 드러나면 안 되는 전제)인 한에서만 **인간**에게 부여되는 것이다.

---

* 1789년 선언의 1~3조는 이렇다. "**1조**: 인간은 자유롭고 평등하게 태어나 생활할 권리를 가진다. 사회적 차별은 공적 이익을 근거로 해서만 있을 수 있다. **2조**: 모든 정치적 결사의 목적은 인간의 자연적이며 시효에 의해 소멸할 수 없는 권리들을 보전함에 있다. 이 권리들이란 자유, 재산, 안전 및 압제에 대한 저항이다. **3조**: 모든 주권의 근원은 본질적으로 국민에게 있다. 어떤 단체나 개인도 명백히 국민에게서 유래하지 않는 권력을 행사할 수 없다."

5. 난민이 국민국가의 질서에서 이처럼 걱정스러운 요소를 대표하게 된 까닭은 무엇보다도 난민이 인간과 시민의 동일성, 출생과 국적의 동일성을 깨뜨림으로써 주권의 원초적인 허구/의제를 위기에 빠뜨리기 때문이다. 물론 이 원리에 대한 개별적인 예외들은 항상 존재했다. 국민국가를 그 기반 자체에서 위협하는 우리 시대의 새로움이란, 더 이상 국민국가 안에서 재현/대의될 수 없게 된 인류의 비율이 높아지고 있다는 것이다. 따라서 난민이라는 분명히 주변적인 이 형상은 국가-국민-영토라는 낡은 삼위일체를 파괴한다는 바로 그 이유 때문에, 오히려 우리 정치사의 중심적 형상으로 간주될 만한 가치가 있다. 잊지 말아야 할 것은 애초 수용소란 난민을 통제하기 위한 공간으로서 유럽에 세워졌다는 것이며, 강제수용소-집중수용소-몰살수용소로의 계승이 완벽한 진짜 계통을 재현한다는 점이다. 나치가 '궁극의 해결책'*5)을 실행하던 때에 드물게도 꾸준히 준수했던 얼마 안 되는 규칙 중 하나는, 유대인과 집시에게서 국적을 완전히 박탈한 다음에야(뉘른베르크법에 따라 이들에게 속해 있던 2등 시민권조차도 박탈한 다음에야) 이들을 몰살수용소로 보낼 수 있다는 것이었다. 인간은 그/녀가 가진 권리가 더 이상 시민의 권리가 아닐 때 진정으로 **성스럽다**^{sacro}. 고

---

* Die Endlösung. 1942년 나치 독일이 시행한 유대인 몰살정책(더 자세한 내용으로는 '옮긴이 상세 주석 5번'을 참조하라).

대 로마법에서 그 단어가 가졌던 '죽음에 바쳐진'votato alla morte 이라는 의미에서 말이다.

6. 난민 개념을 인권 개념에서 과감히 해방시켜야 하며, (어쨌든 오늘날 유럽 국가들의 입법과정에서 과감하게 축소되는 중인) 피보호권을 난민 현상을 새겨 넣을 수 있는 개념적 범주로 더 이상 간주해서는 안 된다(최근 아그네스 헬러가 쓴 「피보호권에 관한 열 가지 테제」6)를 얼핏 보더라도, 오늘날 이것이 우리를 부적절한 혼란으로 이끌 수밖에 없음을 알 수 있다). 난민은 있는 그대로 고려되어야 한다. 즉, 난민은 국민국가의 원리를 근본적으로 위기에 빠뜨리는 동시에 더 이상 미룰 수 없는 범주상의 혁신을 위한 터를 닦아주는 한계 개념이나 마찬가지이다.

사실 그 사이에 유럽공동체 소속 국가들로의 이른바 불법 이민 현상은 [우리가 제안하는] 관점의 전복을 완전히 정당화할 정도의 특성과 규모에 이르렀다(앞으로 몇 년 사이에 중부 유럽 국가들에서 약 2천만 명의 이민자들이 올 것으로 추정되고 있다는 점을 볼 때, 이런 이민현상의 특성과 규모는 더욱 무시할 수 없게 될 것이다). 오늘날 산업국들이 직면하고 있는 것은 **안정적으로 거주하는 대규모의 비시민들**이다. 이들은 국적을 취득할 수도 본국으로 송환될 수도 없으며, 또한 그것을 바라지도 않는다. 가끔 이 비시민들이 출신국의 국적을 갖기도 하지만, 본국의 보호를 누리고 싶어 하지 않을 때부터 이들은 마치 난민처럼 '사실상 무국적' 상태에 놓이게 된다. 이 비시민 거주민들을 일컬어 토마스 함마는 **거류민***이라는 신조어를 만들었는데, 이 신조어는 **시민** 개념이 어찌해 근대 국가의 사회-정치적 현실을 서술하는 데 적합하지 않게 됐는가를 보여주는 장점이 있다. 다른 한편 (미국이나 유럽 같은) 선진산업국의 시민들은 정치 참여의 법제화된 심급으로부터 점진적으로 이탈함으로써, 스스로 **거류민**으로, 안정적으로 거주하는 비시민으로 탈바꿈하는 분명한 경향을 보여준다. 그리하여 시민과 **거류민**은 적어도 어떤 사회계층에서는 잠재적인 비구별의 지대로 들어가고 있다. 이와 비슷하게 형식적 차이에 직면해 이뤄지는 실질적 동화가 증오와 불관용을 격화시킨다는 잘 알려진 원리에 부합하게, 외국인 혐오증적인 반발과 방어적 동원이 증가하고 있다.

7. 유럽에서 몰살수용소가 다시 문을 열기 전에(이미 이런 움직임이 시작되고 있긴 하지만), 국민국가는 출생의 등록이라는 원리 자체, 그리고 이 원리에 기반을 두고 있는 국가-국민-영토

---

* Denizen. 특정 국가에 일정 기간 거주해 영주자로서의 자격을 부여받은 외국인. 국적과 결합된 전통적 시민권 개념에서 벗어나 정주 외국인에게도 국민에 준하는 권리가 부여되어야 한다는 생각을 반영한 것으로서, 전 지구적 이민시대에 맞는 새로운 시민권으로 불리고 있다. 거류민은 시민적 권리, 사회적 권리, 정치적 권리의 일부(지방참정권)를 부릴 수 있다. Tomas Hammar, *Democracy and the Nation State: Aliens, Denizens, and Citizens in a World of International Migration*, Brookfield, VT.: Gower, 1990.

라는 삼위일체를 의문시할 수 있는 용기를 가져야만 한다. 이 모든 것이 구체적으로 어떤 방식을 거쳐 일어날지를 지금 당장 보여주는 것은 쉽지 않다. 지금으로서는 하나의 가능한 방향을 제시하는 것으로 충분하다. 주지하다시피, 예루살렘 문제를 해결하기 위해 고려된 선택사항 중 하나는 예루살렘을 어떤 영토적 분할도 없이 동시에 다른 두 국가조직의 수도로 삼는 것이었다. 이 방법에 내포된 상호간의 **바깥영토****(혹은 오히려 비영토성)라는 역설적 조건은 새로운 국제관계 모델로 일반화될 수 있을지도 모른다. 두 국민국가가 불확실하고 위협적인 경계선으로 분리되는 대신 두 정치공동체가 똑같은 지역에서, 일련의 상호간의 바깥영토를 통해 절합되어 상대 공동체로 서로 엑소더스하는 것도 상상해볼 수 있다. 이런 상호간의 바깥영토에서 주도적 개념은 더 이상 시민의 **법/권리**^{ius}가 아니라 오히려 개인의 **피난처**^{refugium}가 될 것이다. 비슷한 의미에서 우리는 유럽을 불가능한 '국민들의 유럽'(그 파국적 결과는 이미 단기간에 예측될 수 있다)이 아니라, 오히려 비영토적 공간 또는 상호

** Extraterritorialità. 원래 '치외법권'이나 '역외성'을 뜻하는 단어이지만 그렇게 옮기면 아감벤이 말하려는 바가 제대로 전달되지 않는다. 치외법권은 말 그대로 한 국가의 영토에 속하지만, 그 영토에 거주하는 외국인에 대해 국가의 법이 온전히 적용되지 않는 예외상태의 지대를 의미한다. 이와 달리 여기에서 아감벤이 말하려는 것은 두 국가 모두에게 속하지 않음으로써 상호간에 바깥영토 역할을 하는 중립적인 지대이다. 이 개념을 통해 아감벤은 "소유하는 것이 아니라 활용하는" 전략을 보여주고 있다.

간의 바깥영토를 위한 공간으로 간주할 수 있다. 이 공간에서 유럽 국가의 모든 거주민(시민과 비시민)은 엑소더스나 피난의 상태에 있게 될 것이다. 그리고 유럽인의 지위란 (물론 이동하지 않으면서도) '엑스더스 중에 있는' 시민을 뜻하게 될 것이다. 그러므로 유럽이라는 공간은 탄생과 국민 사이의 좁힐 수 없는 간극을 표시하게 될 것이다. 그리고 이 간극에서 과거의 인민 개념(잘 알려져 있다시피 인민은 항상 소수자이다)은 (지금까지 인민 개념을 부당하게 침해했던) 국민 개념에 결정적으로 맞서면서 그 정치적 의미를 발견하게 될지도 모른다.

이 공간은 동질적인 그 어떤 국민적 영토와도 일치하지 않고, 그 **지형적** 총합과도 일치하지 않지만 그것들에 작용한다. 외부와 내부가 불명확한 라이덴병이나 뫼비우스의 띠에서처럼, 국민적 영토와 지형적 총합에 **위상학적**으로 구멍을 뚫고 절합하면서 말이다. 이 새로운 공간에서 유럽의 도시들은 상호간의 바깥영토 관계로 들어섬으로써 세계도시라는 그네들의 고대적 소명을 되찾을 것이다.

레바논과 이스라엘 사이에 존재하는 일종의 무인지대에는 오늘날 이스라엘에서 추방당한 4백25명의 팔레스타인 사람들이 있다. 이 사람들은 아렌트의 설명에 따르면 분명 "그 민족의 전위"를 구성한다. 하지만 이 사람들이 도래할 국민국가의 원초적 핵심이 될 것이라거나, 불충분하게나마 이스라엘이 유대인 문제를 해결했던 것처럼 팔레스타인 문제를 해결할 것이라는 뜻이라면, 그런 일은 그렇게 필연적이지도 않으며 반드시 그런 것도 아니라고 할 수 있다. 오히려 무인지대(팔레스타인 사람들이 피난해 있는 곳)는 지금까지 이스라엘이라는 국가의 영토를 꿰뚫고 들어가 바꿔놓는 등 그 영토에 역작용을 하고 있다. 이스라엘 땅*의 그 어느 지역보다도 마치 저 눈 덮인 산** 같은 이미지가 이스라엘의 영토에 내재적이 되어갔듯이 말이다. 국가들의 공간이 이렇게 구멍 뚫리고 위상학적으로 변형되는 땅에서만, 그리고 시민이 스스로를 난민으로 인정할 수 있는 땅에서만, 오늘날 인류의 정치적 생존을 사유할 수 있다.

---

* Eretz Yisrael. 고대 이스라엘 왕국이나 근대적 국민국가로서의 이스라엘 영토가 아니라 히브리 성경에서 말하는 '약속의 땅'(신이 아브라함의 자손들에게 약속한 땅)을 말한다. 대충 이집트의 나일 강에서 시리아와 이라크를 가로지르는 유프라테스 강에 걸치는 광대한 영역이다.
** Montagnola innevata. 시리아와 레바논 사이의 헤르몬산(Har Hermon)을 말한다. 이곳의 토착 아랍인들이 눈으로 덮힌 산봉우리 때문에 이 산을 '눈/백발의 산'(Jabal el-Shaiykh)으로 불렀다. 히브리 성경이 말한 약속의 땅의 북쪽 경계이기도 한 이곳(특히 골란고원)은 6일 전쟁(1967년 6월 5일~10일)으로 이스라엘에게 점령됐다. 1981년 12월 14일 이스라엘 의회는 골란고원법을 비준해 이곳을 이스라엘 영토로 선포했고 결국 국제적 비난을 샀다. 이스라엘이 이런 무리수를 둔 이유는 이곳의 높은 고도가 조기경보체제 운용에 적합해 이스라엘의 주요 전략지가 됐기 때문이다.

3. 인민이란 무엇인가?

1. **인민**popolo이라는 용어의 정치적 의미에 관한 모든 해석은 이 말이 근대 유럽의 여러 언어에서 언제나 가난한 자, [사회적] 혜택을 받지 못하는 자, 배제된 자를 가리켜왔다는 특이한 사실에서 출발해야만 한다. 즉, **동일한 하나의 용어가 구성적인 정치적 주체를 가리키는 동시에, 권리상은 아니더라도 사실상 정치로부터 배제된 계급도 가리키는 것이다.**

이탈리아어 포폴로popolo, 프랑스어 푀플peuple, 스페인어 푸에블로pueblo(각각의 형용사인 포폴라레popolare, 포퓔레르populaire, 포풀라르popular와 더불어, 그리고 이 용어들의 기원인 후기 라틴어 포풀루스populus와 포풀라리스popularis)는 일상 언어나 정치적 어휘에서도 ('이탈리아인'popolo italiano이나 '배심원/인민의 판사'giudice popolare에서처럼) 단일한 정치체로서의 시민들cittadini이라는 집합을 비롯해 (평민homme du peuple, 서민구역rione popolare, 인민전선front populaire에서처럼) 하위계급의 구성원들까지 가리킨다. 영어의 피플people은 이보다 더 구별되지는 않더라도 부자와 상류층에 대비되는 일반서민$^{\text{ordinary people}}$의 뜻을 담고 있다. 미국 헌법에는 별다른 구별도 없이 "우리, 미합중국 사람들^{people}······" 같은 구절이 나온다. 그렇지만 에이브러햄 링컨이 게티즈버그 연설에서 "인민의, 인민에 의한, 인민을 위한 정부"$^{\text{Government of the people, by the people, for the people}}$라고 부르짖었을 때 반복됐던 단어는 앞의 것과는 다른 인민을 은연중에 내세우고 있다.* 심지어 프랑스혁명 동안에도(다시 말해서 인민주권이라는 원리가 주창됐던 바로 그 순간에도) 이런 양의성은 본질적이었다. 이 점은 배제된 계급으로서의 인민에 대한 동정심이 당시 수행한 결정적 기능에 의해서 증명된다. 한나 아렌트는 우리에게 다음과 같은 사실을 상기시킨다. "이 용어의 정의 자체는 동정심에서 생겨났으며, 이 말은 불운과 불행의 동의어가 됐다. 로베스피에르는 '인민, 이 가련한 자들이 나에게 갈채를 보내네'라고 말했으며, 심지어 프랑스혁명에서 가장 감상적이지 않았고 가장 명석했던 인물 중 한 명인 시에예스조차도 '늘 불쌍한 인민'이라고 말했던 것이다."[1] 하지만 이미 장 보댕에게 이 개념은 정반대의 의미에서 이중적이었다. 보댕은 민주주의나 인민국가를 정의한 『국가론』의 어느 장^{章}에서 주권을 보유하는 인민체$^{\text{peuple en corps}}$와 서민$^{\text{menu peuple}}$을 대립시켰다. 지혜는 이 후자를 정치권력으로부터 배제하라고 권고했다.[2]

---

* 부자와 상류층이 아닌 인민을 뜻한다는 말이다.

2. 의미의 양의성이 이 정도로 광범위하고 꾸준하게 나타난다는 것은 우연이 아니다. 이것은 서구 정치에서 **인민** 개념의 본성과 기능에 중의성이 내재한다는 사실을 반영함에 틀림없다. 달리 말하면, 우리가 인민이라 부르는 것은 사실 단일한 주체가 아니라 오히려 대립하는 양극 사이를 오고가는 변증법적 진동이라고 할 수 있다. 한편에는 전체적인 정치체로서 [대문자] **인민**Popolo이라는 집합이 있고, 다른 한편에는 가난하고 배제된 자들의 파편화된 다수로서 [소문자] **인민**popolo이라는 부분집합이 있다. 또한 한편에는 나머지라곤 없다고 주장하는 포함이 있고, 다른 한편에는 자신에게 아무런 희망이 없음을 알고 있는 배제가 있다. 한쪽 극에는 통합된 주권을 가진 시민들의 총체적 국가가 있고, 다른 한쪽 극에는 비참한 자·억압받는 자·정복당한 자로 구성된 (기적의 궁전*이나 수용소 같은) 금지구역이 있다. 이런 의미에서 인민이라는 용어가 지시하는 단 하나의 압축적인 대상은 그 어디에도 존재하지 않는다. 요컨대 근본적인 여러 정치 개념처럼 인민은 이중의 운동을, 그리고 두 극단 사이의 복잡한 관계를 지시하는 두 극을 갖는 개념이다 (이 점에서 보면 칼 아벨과 지크문트 프로이트의 원형어**나 루

---

* Corte dei miracoli. 이것은 이탈리아 피사에 있는 '기적의 광장'(Piazza dei Miracoli), 즉 두오모 광장이 아니라 빅토르 위고(Victor Hugo, 1802~1885)의 『노틀담의 곱추』(*Notre-Dame de Paris*, 1831)에 나오는 부랑자·집시·거지 패거리의 소굴인 기적궁(Cour des Miracles)을 지칭한다.

이 뒤몽의 위계적인 관계들*** 같은 개념과 유사하다). 그렇지만 이 말은 곧 인류가 하나의 정치체로 구성되려면 근본적인 분열을 거쳐야 한다는 뜻이기도 하다. 그리고 인민이라는 개념에

** Urworte. 독일의 언어학자 칼 아벨(Karl Abel, 1837~1906)이 강조한 개념으로서 서로 대립하는 의미를 한꺼번에 갖고 있는 태곳적 언어를 뜻한다. 아벨에 따르면 원초적 상태의 언어는 모두 이처럼 상반된 의미를 같이 갖고 있는데, 인간의 합리적 이성이 발달하면서 이 상반된 의미가 각각의 독립된 단어로 떨어져 나왔다고 한다(이것이 '원형어의 반대 의미' 이론이다). 지크문트 프로이트는 이런 아벨의 이론에 의거해 꿈작업에서 꿈으로 재현된 내용이 실제 욕망의 내용과 다른 이유를 설명한 적이 있다. 흥미로운 것은 아벨이 원형어로 예를 든 단어 중 하나가 '신성한'(sacred)과 '금지'(taboo)라는 의미를 모두 지닌 라틴어 '사케르'(sacer)라는 점이다. 그러나 아벨의 이론은 오늘날, 특히 에밀 방브니스트에 의해 의문의 여지가 있다고 간주되고 있다. Karl Abel, "Gegensinn der Urworte," *Sprachwissenschaftliche Abhandlungen*, Leipzig: Wilhelm Friedrich, 1885, S.311~342; Sigmund Freud, "Über den Gegensinn der Urworte"["The Antithetical Meaning of Primal Words"](1910), *The Standard Edition of the Complete Psychological Works of Sigmund Freud*, vol.11, ed. James Strachey, London: Hogarth Press, 1961, pp.153~162.

*** Relation hiérarchique. 프랑스의 인류학자 루이 뒤몽(Louis Dumont, 1911~1998)이 인도의 카스트제도를 분석한 『위계적 인간』(*Homo Hierarchicus: Essai sur le systéme des castes*, 1966)에서 제시한 개념. 뒤몽에 따르면 모든 사회는 대립관계(왼쪽/오른쪽, 교황/왕, 남성/여성 등)에 근거해 조직되는데 대립되는 두 항은 동등하게 여겨지는 것이 아니라 분명한 상하 우열이 정해져 있다. 이때 우월한 항은 그 안에 열등한 항을 포함(혹은 전체를 대변)한다고 간주되기 때문에 우월한 것이다. 예를 들어 아담(남성)은 하와(여성)보다 우월한데, 이는 아담의 갈비뼈로 하와가 만들어졌기 때문이다. 요컨대 하와는 이미 아담 안에 포함되어 있는 것이다. 이와 마찬가지로 이브가 아담 안에 포함되어 있다는 것은 아담 이외의 인간(들), 즉 인류가 있다는 뜻이기도 하다. 뒤몽은 이런 설명에 근거해 인도의 카스트제도를 부정(不淨)과 정(淨)의 이항대립으로 설명하면서 하위계층이 상위계층의 행동양식을 따라 하려는 이유를 분석하고 있다.

서 우리가 본래의 정치구조를 규정하는 짝패 범주들을, 즉 벌 거벗은 생명([소문자] 인민)과 정치적 실존([대문자] 인민), 배제 와 포함, 조에와 비오스를 손쉽게 알아볼 수 있다는 뜻이다. **인민이라는 개념은 그 안에 근본적인 생명정치적 균열을 이미 언제나 담고 있다. 인민은 자신이 이미 언제나 포함되어 있는 집합에 속할 수 없는 것일 뿐만 아니라, 자신이 한 부분을 이루고 있는 전체에 포함될 수도 없는 것이다.**

그러므로 이런 인민 개념은 정치 무대에 불려와 작동되는 매 순간 모순과 아포리아를 발생시킨다. 인민은 이미 언제나 있는 것이지만 실현되어야 하는 것이다. 인민은 모든 동일성의 순수한 원천이며 배제, 언어, 혈통, 영토에 따라 계속 스스로를 재규정하고 정화시켜야만 한다. 혹은 반대의 극에서 인민은 본질적으로 그 자신에게 결핍되어 있다. 따라서 인민의 실현은 자신의 폐지와 일치한다. 존재하기 위해서 인민은 자신의 대립물을 통해 스스로를 부정해야만 한다(그러므로 노동운동 특유의 아포리아는 인민을 향하는 동시에 인민의 폐지를 목표로 한다). 언제나 매번 반동의 피 묻은 깃발로서, 혁명과 인민전선의 불확실한 깃발로서 나부끼게 되는 인민은 적과 동지의 분열보다 더 근원적인 분열을 매번 포함한다. 끊임없는 내전은 그 어떤 갈등보다 더 근본적으로 인민을 분할하며, 그 어떤 동일성보다 더 확고하게 인민을 구성하고 하나로 결합시킨다. 잘 보면, 맑스가 말한(비록 실질적으로 정의를 내린 적은 전혀 없지만, 맑스의 사상에서 핵심적 위치를 차지하고 있는) 계급투쟁은 모든 인민을 분할하는 내부의 전쟁이자, 계급 없는 사회나 메시아적인 왕국에서 [대문자] 인민과 [소문자] 인민이 일치하게 될 때에만, 정확히 말해서 어떤 인민도 더 이상 존재하지 않게 될 때에만 종식되는 내부의 전쟁 외에 다른 무엇도 아니다.

3. 이것이 사실이라면, 즉 인민이 자신의 내부에 근본적인 생명정치적 균열을 반드시 포함하고 있다면, 20세기 역사의 몇몇 결정적인 장면을 새롭게 읽을 수도 있으리라. 두 인민들 사이의 투쟁이 확실히 언제나 진행되어왔다면, 우리가 살고 있는 시대에 이르러 이 투쟁은 그 어떤 최후의 폭발적인 가속화를 겪어왔다. 고대 로마에서 인민에 내재한 분열은 인민populus과 평민plebs의 명확한 분할을 통해 법적으로 승인됐다(인민과 평민에게는 저마다 고유한 제도와 정무관이 있었다). 이와 마찬가지로 중세 시대에 장인popolo minuto과 상인popolo grasso의 구분은 상이한 기예와 직업의 정확한 분절에 상응했다.* 그렇지만 프랑스혁명과 더불어 인민이 주권의 유일한 수탁자가 됐을 때 [소문자] 인민은 처치 곤란한 존재가 됐으며, 빈곤과 배제는 처음으로 모든 면에서 참을 수 없는 추문으로 나타났다. 근대 시

---

* 13세기 피렌체에서는 '포폴로 미누토'라고 하면 자신의 가게를 가진 장인을, '포폴로 그라소'라고 하면 실업 부르주아지를 가리켰다. 즉, 전자는 '부유시민'(중산층)을, 후자는 '영세시민'(하층 노동자계급)에 해당한다.

대에 빈곤과 배제는 경제적·사회적 개념일 뿐만 아니라 매우 정치적인 범주이기도 하다(근대 정치를 지배하는 것처럼 보이는 경제주의와 '사회주의'는 사실상 정치적인 의미, 아니 오히려 **생명정치적**인 의미를 지니고 있다).

이런 관점에서 볼 때 우리가 살고 있는 시대는 배제된 자들인 인민을 근본적으로 제거함으로써 인민을 분할하던 분열을 메워보려는 집요하고도 체계적인 시도에 불과하다. 이런 시도는 상이한 양상과 지평에 따라 우파와 좌파, 자본주의 국가들과 사회주의 국가들 모두가 단일하며 분할되지 않는 하나의 인민을 창출하려는 계획에 협력하도록 만들어왔다(이 계획은 모든 산업국들에서 부분적으로 실현됐으나 궁극적으로는 헛된 것이었다). 우리 시대에는 발전에 대한 강박관념이 무척이나 큰 위력을 발휘했는데, 그 이유는 발전이 아무런 균열이 없는 하나의 인민을 창출하려는 생명정치적 계획에 부합했기 때문이다.

이렇게 보면 나치 독일에서 이뤄진 유대인 몰살은 근본적으로 새로운 의미를 얻게 된다. 국민적인 정치체로의 통합을 거부한(사실상 유대인의 동화는 실제로는 시늉에 불과하다고 간주됐다) 인민인 유대인들은 무엇보다 인민, 즉 근대성에 의해 그 내부에서 불가피하게 창출될 수밖에 없었으나 더 이상 어떤 방식으로도 용납하기 힘든 존재가 되어버린 벌거벗은 생명의 전형인 동시에 살아 있는 상징이다. 우리는 독일 민족^{Volk}(전체적인 정치체로서의 인민을 보여주는 탁월한 전형)이 유대인들을 영원히 제거하고자 했던 그 분명한 광기 속에서 [대문자] 인민과 [소문자] 인민을 분리하는 내부 투쟁의 최종 국면을 봐야만 한다. 궁극의 해결책(그것은 집시들뿐만 아니라 여타의 동화시킬 수 없는 자들까지 포함시키는데, 이는 우연이 아니다)을 통해 나치즘은 이 용납할 수 없는 어둠으로부터 서구의 정치무대를 막연하고 쓸데없이 해방하려 함으로써 마침내 원초적인 생명정치적 균열을 메워버린 인민으로서의 독일 **민족**을 만들어냈다(나치의 우두머리들이 유대인과 집시를 제거함으로써 자신들이 사실상 다른 유럽의 인민에게 봉사하고 있다고 그렇게 집요하게 되풀이해 주장했던 이유가 바로 이것이다).

이드^{Es}와 자아^{Ich}의 관계에 관한 프로이트의 공준을 다르게 표현하자면 다음과 같다. 근대적인 생명정치가 "벌거벗은 생명이 있는 곳에 [대문자] 인민이 있을 것임에 틀림없다"3)는 원리에 의해 뒷받침된다고 말할 수 있다면, 이 원리는 "[대문자] 인민이 있는 곳에 벌거벗은 생명이 있을 것이다"라는 그 반대 정식에서도 유효하다고 곧 덧붙여 말할 수 있다. (유대인이 그 상징인) [소문자] 인민을 제거함으로써 메울 수 있다고 여겼던 균열이 이처럼 새롭게 재생산됐으며, 이에 따라 전체 독일 인민을 죽어야만 하는 성스러운 생명이자 (정신적 질병과 유전적 질병의 보균체들을 제거함으로써) 무한히 정화되어야만 하는 생물학적 몸으로 바꿔놓았다. 오늘날, 상이하면서도 여전히 유사한 방식으로, 발전을 통해 빈민계층을 제거하려는 자본주의적-민주주의적 계획은 자신의 내부에서 배제된 자들로 구성된 인민을 재생산할 뿐만 아니라, 제3세계의 모든 주민을 벌거벗은 생명으로 바꿔놓고 있다. 서구의 근본적인 생명정치적 분열을 받아들일 수 있는 정치만이 유일하게 이와 같은 진동을 멈출 수 있을 것이며, 지구상의 인민과 도시 전체를 분할하는 내전을 종식시킬 수 있을 것이다.

4. 수용소란 무엇인가?

수용소에서 일어났던 일이 범죄라는 법적 개념을 훌쩍 뛰어넘는 것이기에 사람들은 [수용소에서 발생한] 그 사건들이 일어나게 된 특유의 법적-정치적 구조에 대한 고찰을 간단히 등한시하는 경우가 종종 있다. 수용소는 지금까지 지상에 존재한 적이 없는 가장 절대적이고 **비인간적 조건**이 실현됐던 장소에 다름 아니다. 희생자들에게도, 후대에 남겨진 자들에게도 결국 중요한 것은 바로 그 점이다. 우리는 의도적으로 위와 반대 방향으로 나아갈 것이다. 그곳에서 일어났던 사건들에서 출발해 수용소에 대한 정의를 이끌어내는 대신 우리는 이렇게 물을 것이다. **수용소란 무엇인가? 수용소의 법적-정치적 구조는 무엇인가? 어째서 그런 사건들이 일어날 수 있었는가?** 이런 물음은 수용소를 하나의 역사적인 사실, 과거에 속하는 하나의 변칙anomalia(경우에 따라서는 다시 발생할 가능성이 있는 것)이 아니라, 오히려 어떤 의미에서는 우리가 여전히 그 안에서 살고 있는 정치공간의 감춰진 모체이자 노모스nomos로 바라보게 해줄 것이다.

역사가들은 1896년 스페인인들이 식민지인들의 봉기를 진압하기 위해 쿠바에 만든 집중수용소$^{\text{campos de concentraciones}}$를 최초의 수용소로 규정할 수 있는지, 아니면 오히려 20세기 초 영국인들이 보어인들을 가둬둔 집중수용소$^{\text{concentration camps}}$를 최초의 수용소로 규정할 수 있는지를 두고 논쟁해왔다. 여기에서 중요한 것은 이 두 사례 모두 식민지 전쟁과 관련된 예외상태가 민간인 전체로 확장됐다는 사실과 연관되어 있다는 것이다. 즉, 수용소란 일반적인 법에서 생겨난 것(또 이렇게 믿는 사람도 있겠지만, 징역법의 변형과 발전에서 생겨난 것)이 아니라 예외상태와 계엄령에서 생겨난 것이다. 이 사실은 나치 수용소^{Lager}의 사례에서 훨씬 더 분명해지는데, 그것의 기원과 법적 규정에 관해서는 충분한 자료를 입수할 수 있다. 잘 알려져 있듯이 강제수용의 법적 기반은 보통의 법이 아니라, 오히려 보호검속^{Schutzhaft}(문자 그대로 예방적 구금)이었다. 나치 법률가들은 프로이센에서 유래한 이 법적 제도를 간혹 예방적인 치안조치로 분류했다. 형법상 처벌받아야만 하는 행동과는 전혀 무관하게 그저 국가안전에 대한 위험을 피하기 위해 개인을 '구류'시키는 것을 가능케 하기 때문이다. 보호검속은 1851년 6월 4일 발효됐던 계엄상태에 관한 프로이센의 법에서 기원하는데, 이 법은 1871년 (바이에른 주를 제외하고) 독일 전체로 확대 적용됐다. 더 거슬러 올라가면 이 법은 1850년 2월 12일 발효됐던 「개인의 자유의 보호」$^{\text{Schutz der persönlichen Freiheit}}$에 관한 프로이센의 법에 기원을 둔다. 이 두 개의 법은 제1차 세계대전 동안에 대대적으로 적용됐다.

수용소의 본성을 정확히 이해하려면 예외상태와 집중수용소의 이런 구성적 연결관계를 과대평가해서는 안 된다. 보호검속에서 문제가 된 자유의 '보호'는 아이러니하게도 긴급사태의 특징인 법의 중지로부터의 보호였다. 여기에서 새로운 것은 이제 이 제도가 자신의 토대인 예외상태에서 이탈해 정상상태에서도 효력을 지닐 수 있게 됐다는 점이다. **수용소란 예외상태가 규칙이 되기 시작할 때 열리는 공간이다.** 이 점에서 본질적으로 법질서의 일시적 중지였던 예외상태는 이제 영속적인 공간적 배치, 즉 그 자체로 정상적인 법질서의 바깥에 항구적으로 머무는 배치를 얻게 된다. 1933년 3월 아돌프 히틀러가 제3제국 수상으로 선출된 것을 기념하던 바로 그때, 하인리히 힘러는 다카우에 '정치범을 위한 집중수용소'를 만들기로 결정했다. 나치 친위대가 즉각 이 수용소를 맡았고, 보호검속 덕택에 형법이나 징역법의 규칙들 바깥에 놓였으며, 이와 더불어 그 당시나 그 뒤에나 형법이나 징역법과는 별 관련이 없게 됐다. 곧 다카우뿐만 아니라 다른 지역에 추가로 세워진 수용소(작센하우젠, 부헨발트, 리히텐베르크)도 항상 잠재적으로 작동하게 됐다. 수감자의 구성은 바뀌었다(어떤 기간, 특히 1935~37년 유대인의 강제이송이 시작되기 전에는 수감자가 7천5백 명까지 줄기도 했다). 하지만 수용소 자체는 독일에서 영속적인 현실이 됐다.

우리는 예외적 공간이라는 수용소의 역설적인 지위에 관해 고찰해야 한다. 수용소는 정상적인 법적 질서의 바깥에 놓인 한 줌의 땅이긴 하지만, 그렇다고 단순히 외부의 공간에 불과한 것은 아니다. 예외라는 용어의 어원상의 의미(라틴어 엑스-카페레$^{ex\text{-}capere}$)에 따르면, 수용소에서 배제된 것은 **바깥에서 붙들린 다**는 것, 즉 바로 그 배제를 통해 포함되는 것이다. 이런 식으로 법질서에 포획되는 것은 무엇보다 예외상태 자체이다. 다시 말해서 주권권력이 예외상태를 결정할 수 있는 능력에 기초하고 있다면, 수용소는 예외상태가 안정적으로 실현되는 구조이다. 한나 아렌트는 전체주의적 지배를 지탱하는 원리이자 여간해서는 상식으로 받아들여지지 않는 원리, 즉 "모든 것이 가능하다"는 원리가 수용소에서 분명하게 나타나고 있다고 지적한 바 있다.[1] **왜냐하면 우리가 봤던 의미에서 수용소는 법이 전면적으로 중지되고, 거기에서 정말 모든 것이 가능해지는 예외의 공간이기 때문이다.** 예외를 안정되게 실현하는 것을 자신의 사명으로 한 수용소의 바로 이 특별한 법적-정치적 구조를 이해하지 못하면, 수용소에서 일어났던 믿을 수 없는 사건들을 전혀 이해할 수 없게 될 것이다. 수용소에 들어갔던 사람들은 외부와 내부, 예외와 규칙, 합법과 위법이 구별되지 않는 지대 속에서 움직이고 있으며, 여기에서는 어떤 법적 보호도 사라져버린다. 게다가 만일 유대인이라면, 그들은 이미 뉘른베르크법에 의해 시민권을 박탈당했으며, 이후 '궁극의 해결책'이 실시되면서 완전히 국적을 빼앗기게 된다. **수용소의 거주민이 모든 정치적 지위를 빼앗기고 벌거벗은 생명으로 완전히 환원된다는 사실 자체 때문에 수용소는 지금까지 실현된 것 중에서 가장 절대적인 생명정치적 공간이기도 하며, 이 공간에서 권력이 대면하는 것은 그 어떤 매개도 없는 순수한 생물학적 생명에 다름 아니다.** 이 때문에 수용소는 정치가 생명정치로 되고 **호모 사케르**[성스러운 인간]가 시민과 잠재적으로 구별될 수 없게 되는 곳이라는 점에서, 정치공간의 패러다임 자체이다. 그렇기 때문에 수용소에서 저질러진 잔학행위에 관한 올바른 물음은, 다른 인간 존재에게 도대체 어떻게 그처럼 잔악무도한 행위를 저지르는 것이 가능했는가라는 위선적인 물음이 아니다. [차라리] 인간 존재가 어떤 법적 절차와 정치적 장치를 통해서 자신의 권리와 특권을 완전히 빼앗겨버렸기에, 더 이상 범죄처럼 보이지 않게 될 정도로 이들에 대해 무슨 일이든 저지를 수 있는 지점(그리고 바로 이 지점에서 진정 모든 것이 가능하게 됐다)에 이르게 됐는가를 주의 깊게 탐구하는 것이 훨씬 더 정직하고 유용하다.

이것이 사실이라면, 만일 수용소의 본질이 예외상태의 물질화이자 또 그 결과로서 벌거벗은 생명 자체를 위한 공간을 창출하는 것이었다면, 수용소에서 저질러진 범죄의 성격과는 무관하게 그리고 그 범죄가 어떻게 지칭되고 어떤 특정한 지형에 속하는지와 무관하게, 우리는 이런 구조가 창출될 때마다 매번 잠재적으로 수용소와 대면하고 있음을 인정해야만 할 것이다.

1991년 이탈리아의 경찰이 알바니아계 비합법 이민자들을 본국으로 송환하기 전에 임시로 쑤셔 넣었던 바리의 축구 경기장이나, 비시 정부가 유대인들을 독일인들에게 넘겨주기 전에 처박아뒀던 동계경륜경기장,2) 안토니오 마차도3)가 1939년에 죽었던 곳인 스페인 국경 근처의 난민수용소, 난민 지위를 신청 중인 외국인을 유치해두는 프랑스 국제공항의 **대기지대**, 이 모든 곳이 수용소이다. 이 모든 사례에서는 (프랑스 국제공항 근교 루와시에 있는 아르카드 호텔처럼) 겉으로 보기에는 대수롭지 않은 것 같은 장소가 실제로 어떤 공간을 획정하고 있다. 이 공간에서는 정상적인 법질서가 사실상 중지된다. 그리고 이 공간에서는 잔악행위가 저질러질 수도 있고 아닐 수도 있다는 사실이 법에 달려 있는 것이 아니라, 오히려 일시적으로 주권자처럼 행세하는 경찰의 예의와 윤리적 감각에 달려 있다(예를 들어 프랑스의 사법 당국이 개입하기 전에 외국인은 나흘 동안 대기지대에 있을 수도 있다). 이런 의미에서 심지어 탈산업화된 대도시들의 몇몇 교외지역과 미국의 폐쇄형 주택단지gated communities 조차도 오늘날에는 수용소처럼 보이기 시작한다. 이런 공간에서는 벌거벗은 생명과 정치적 삶이 적어도 일정한 순간에는 절대적인 비결정indeterminazione의 지대에 들어간다.

이런 관점에서 보면 우리 시대에 수용소가 탄생한 것은 근대성의 정치적 공간 자체를 결정적인 방식으로 특징짓는 사건처럼 보인다. 생명(탄생 또는 국민)을 자동으로 등록해주는 규칙이 매개하는 장소확정Ortung(영토)과 질서Ordnung(국가)의 기능적 연관을 토대로 세워진 근대 국민국가의 정치체계4)가 지속적인 위기에 들어섰을 때, 국가가 국민의 생물학적 생명에 대한 관리를 자신의 직접적인 임무로 떠맡기를 결정했을 때, 바로 이때 수용소가 탄생한다. 요컨대 국민국가의 구조가 **영토, 질서, 탄생**이라는 세 가지 요소로 정의된다면, 낡은 노모스와의 단절은 칼 슈미트가 노모스를 구성하곤 했다고 말한 것의 두 가지 측면(즉, 장소확정과 질서)에서 일어나는 것이 아니라, 오히려 앞의 세 요소 속에 벌거벗은 생명이 등록되는 바로 그 장소에서(즉, **태어나는** 즉시 **국민**이 되는 곳에서) 일어난다. 이런 등록을 규제하곤 했던 전통적인 메커니즘에서는 더 이상 어떤 것도 기능하지 않으며, 수용소는 생명을 질서에 등록하는 새롭게 감춰진 규제자이다. 아니, 오히려 수용소는 자신을 치명적인 기계로 변형시키지 않으면 제 기능을 할 수 없는 체제의 특징을 보여준다. 의미심장하게도 수용소는 시민권이나 시민의 국적박탈에 관한 새로운 법(제3제국의 시민권에 관한 뉘른베르크법뿐만 아니라, 1915~33년 사이에 프랑스를 포함한 유럽 대부분의 국가가 공표한 시민의 국적박탈에 관한 법들)이 공표된 것과 동시에 나타났다. 본질적으로는 질서의 일시적 중지였던 예외상태가 이제 새롭고 안정적인 공간 배치가 되며, 바로 이곳에 벌거벗은 생명이 거주한다. 그리고 벌거벗은 생명은 점점 더 질서에 등록될 수 없게 된다. **탄생(벌거벗은 생명)과 국민국가 사이에서**

점점 더 벌어지고 있는 간극은 우리 시대 정치의 새로운 사실이며, 우리는 바로 이 간극을 '수용소'라고 부른다. 장소확정이 없는 질서(즉, 법이 중지되어 있는 예외상태)에 대응하는 것은 이제 질서 없는 장소확정(즉, 영속적인 예외공간으로서의 수용소)이다. 정치체계는 삶의 형태와 법적 규범을 일정한 공간에 더이상 배열하지 않는다. 오히려 정치체제는 자신을 넘어선, **장소를 벗어난 장소확정**을 자신의 내부에 포함한다. 그리고 모든 삶의 형태, 모든 규범은 이 속에 잠재적으로 붙들릴 수 있다. 장소를 벗어난 장소확정이라고 할 수 있는 수용소는 우리가 그 안에서 여전히 살고 있는 정치의 감춰진 모체이며, 우리는 [우리 공항의 **대기지대**나 우리 도시들의 방리유에 이르기까지]* 그것이 어떻게 변신하더라도 그것을 인지하는 법을 배워야 한다. 수용소는 국가-국민(탄생)-영토라는 오래된 삼위일체를 깨뜨리면서 그것에 덧붙는 네 번째이자 분리불가능한 요소이다.

바로 이런 관점에서 우리는 구舊유고슬라비아의 영토에 어떤 의미에서 훨씬 더 극단적인 형태의 수용소가 재출현했다는 사실을 봐야만 한다. 거기에서 일어나고 있는 것은, 이해관계를 가진 일부 관찰자들이 성급하게 선언하는 것처럼, 새로운 종족·영토 배치에 따른 구舊정치체계의 재정의가 전혀 아니다. 즉, 유럽 국민국가들의 구성을 이끌었던 과정의 단순한 반복이

---

* 이탈리아어판에서 삭제된 구절.

전혀 아닌 것이다. 오히려 거기에 있는 것은 낡은 노모스와의 돌이킬 수 없는 단절이며, 완전히 새로운 도주선$^{\text{linee di fuga}}$을 따라 주민과 인간의 삶의 장소를 벗어나게 만드는 것이다. 바로 그 때문에 수용소에서 자행되는 종족 강간이 결정적으로 중요한 것이다. 나치가 유대인 여성을 임신시킴으로써 '궁극의 해결책'을 수행할 수 있다고 결코 생각하지 않은 까닭은, 국민국가의 질서에 생명을 등록하도록 보장했던 탄생의 원리가, 설령 엄청나게 변형됐다고 하더라도, 어떤 식으로든 여전히 작동하고 있었기 때문이다. 이런 원리는 이제 장소를 벗어나 표류하는 과정에 들어섰다. 이 속에서 [탄생의] 원리가 작동하는 것은 이제 명백히 불가능하게 됐다. 그리고 우리는 새로운 수용소를 각오하지 않으면 안 될 뿐만 아니라 생명을 국가에 등록하는 것에 관한 항상 새롭고 좀 더 정신착란적인 규범적 정의를 각오하지 않으면 안 된다. 이제 국가의 내부에 확고하게 자리잡은 수용소는 이 행성의 새로운 생명정치적 노모스이다.

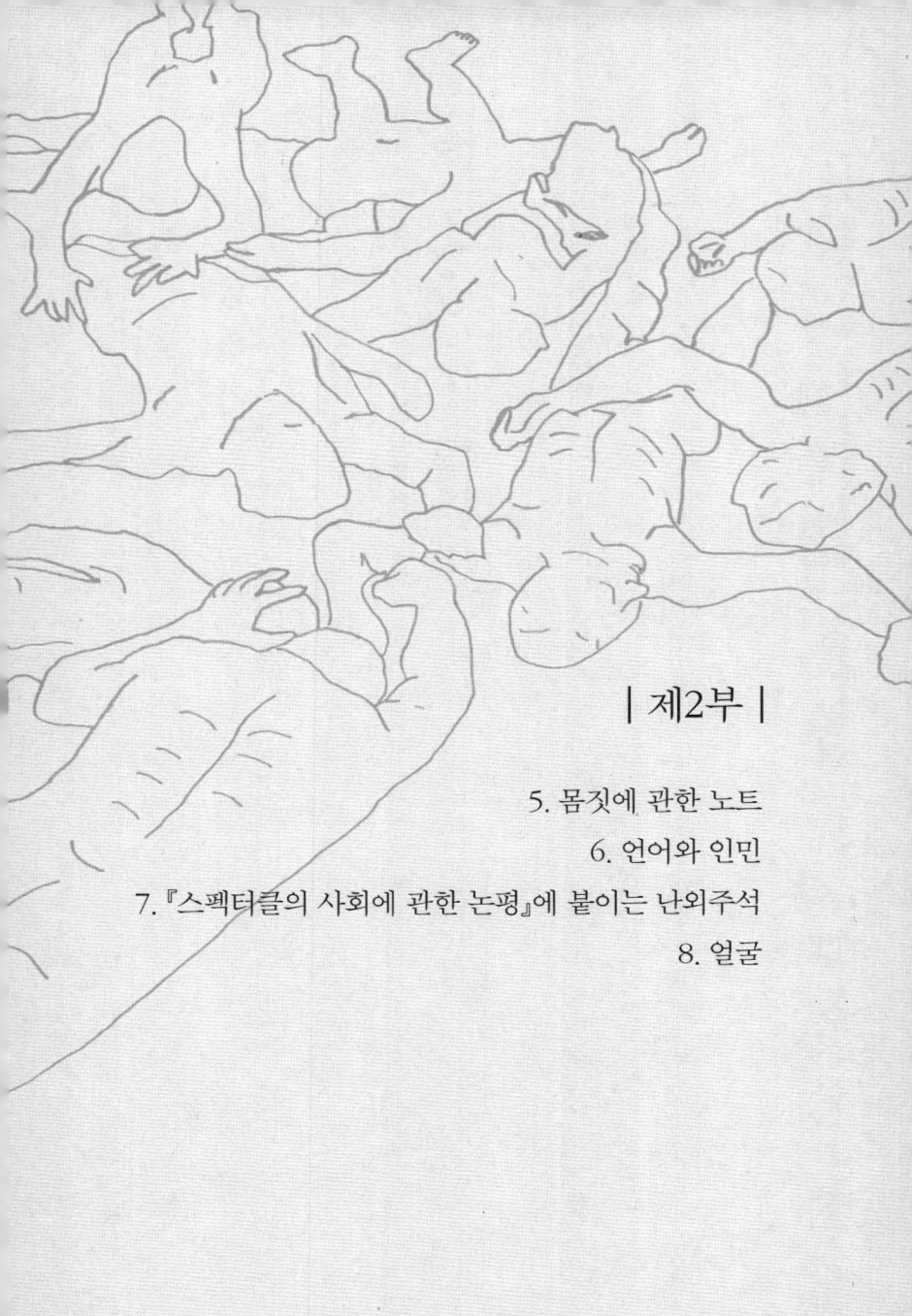

| 제2부 |

5. 몸짓에 관한 노트
6. 언어와 인민
7. 『스펙터클의 사회에 관한 논평』에 붙이는 난외주석
8. 얼굴

Mezzi senza fine

5. 몸짓에 관한 노트

1. 19세기 말경 서구의 부르주아지는 이제 자신의 몸짓을 결정적으로 잃어버리게 됐다.

1886년 파리 병원과 살페트리에르 병원의 인턴이던 조르주 질 드 라 투레트[1])는 들라예에레크로니에 출판사에서 『보행에 관한 임상적·생리학적 연구』를 출판했다. 인간의 가장 평범한 몸짓 중 하나가 엄밀한 과학적 방법으로 분석된 것은 이것이 처음이었다. 53년 전에(그때까지만 해도 부르주아지의 양식良識은 아직 변화를 겪지 않았다) 오노레 드 발자크는 사회생활 전반을 병리학적으로 다루려는 연구계획을 예고했고, 그에 따라 다소 실망스러운 분량이었지만 50쪽짜리의 『보행 이론』을 만들어냈다.[2]) 이 두 개의 시도를 분리시키는 거리(이것은 시간적인 거리인 것만이 아니다)는 인간의 걸음걸이에 대한 라 투레트의 묘사를 볼 때 가장 잘 드러난다. 발자크는 [걸음걸이에서] 도덕적 성격의 표현만을 봤던 반면, 라 투레트는 이미 시네마토그래피를 예고했다고 볼 수 있는 시선을 채용했다.

왼쪽 다리가 몸 전체의 버팀목이 되는 동안, 오른쪽 발은 발꿈치부터 발가락 끝까지 나선형으로 운동하며 지면에서 들어 올려지고, 마지막에 발가락 끝이 지면을 떠난다. 이제 다리 전체가 앞으로 나가고, 다음으로 발꿈치부터 지면에 닿는다. 바로 이 순간 왼쪽 발이 (선회를 마치고 발가락 끝에만 기댄 채) 지면을 떠난다. 왼쪽 다리가 앞으로 나가고 오른쪽 다리와 가까워지면서 그 옆을 지난다. 그리고 왼쪽 다리가 발꿈치부터 지면에 닿는 동안 오른쪽 다리는 선회를 마친다.[3]

이런 시각을 갖춘 눈만이 발자국 측정법[4]을 개발할 수 있었다. 당연한 일이겠지만, 라 투레트는 그 측정법을 완성해 아주 자랑스러워했다. 길이는 대략 7~8미터이고 폭은 50센티미터인 하얀 두루마리를 지면에 고정시킨 뒤에, 세로축을 따라 연필로 분할선을 긋는다. 그 다음으로는 실험대상자의 발바닥에 삼이산화철[$Fe2O3$] 가루를 바른다. 이렇게 하면 발바닥은 붉은 녹이든 색깔로 얼룩지게 된다. 환자[실험대상자]가 그어진 선을 따라 걸으면서 남긴 발자국을 가지고 다양한 매개변수(보폭, 옆으로 벗어난 정도, 기울기 등)를 사용해 걸음걸이를 완벽하게 측정할 수 있다.

라 투레트가 발표한 발자국의 모사模寫를 관찰하다보면, 에드워드 머이브리지[5]가 같은 시대에 펜실베이니아대학교에서 24개의 사진렌즈 세트를 사용해 연출한 일련의 순간포착 사진에 생각이 미치지 않을 수 없다. "정상적인 속도로 걷는 남성," "엽총을 갖고 뛰는 남성," "물주전자를 주우면서 걷고 있는 여성," "키스 표시를 보내면서 걷는 여성." 이것들은 그런 [몸짓의] 흔적을 남긴 알려지지 않은 고통받는 피조물의 행복하고 시각적인 쌍둥이들이다.

걸음걸이에 관한 연구를 발표하기 1년 전, 라 투레트는 『에콜라리아와 코프롤라리아를 동반하는 공조운동실조를 특징으로 하는 신경질환에 관한 연구』를 출판했다.[6] 이 책은 나중에 투레트 증후군이라고 불리게 될 것에 대한 임상적 틀을 규정했다. (발자국 측정법으로 인해 가능해진) 가장 일상적인 몸짓과의 거리두기가 경련, 발작성 경기, 부자연스러움의 놀라운 증대를 서술하는 데도 적용됐다. 이런 증대는 몸짓성^{gestualità}의 영역이 전반적으로 파국에 빠져버리는 상황으로밖에는 정의될 수 없다. 환자는 가장 단순한 몸짓조차 시작할 수도 끝낼 수도 없게 된다. 운동을 시작하는 데 성공하더라도, 그것은 공조를 결여한 쇼크와 떨림에 의해 중단되거나 동요하게 된다. 여기에서는 그 어떤 운동의 목적과도 무관하게 근육이 춤을 추는 듯이 보인다(무도병). 장-마르탱 샤르코는 걸음걸이의 영역에서 나타나는 이런 혼란에 상응하는 것을 자신의 유명한 『화요일 강의』에서 범례적으로 서술했다.

그가 걷기 시작한다. 그의 몸은 앞으로 굽어 있고, 하체는 뻣뻣하게 쭉 뻗어 있으며, 좌우 다리를 붙인 채 발끝으로 몸을 지탱하고 있다. 발이 지면 위를 조금씩 미끄러지기 시작한다. 급격하게 몸을 떨면서 앞으로 나간다. …… 환자가 이런 식으로 앞으로 걸어가면 매 순간 주저앉을 것만 같다. 어쨌든 그는 스스로 멈출 수 없다. 그는 대개 옆에 있는 물체에 매달려야 한다. 그는 마치 용수철로 움직이는 자동인형처럼 보인다. 이처럼 경직되고, 경련을 일으키고, 발작적인 운동에는 유연한 걸음이라고 할 만한 것이 하나도 없다. …… 결국 몇 번의 시도 끝에 그는 출발한다. 앞에서 언급했던 메커니즘에 따라서 그는 걷는다기보다는 경직된, 겨우 약간 굽어질 뿐인 다리를 가지고 지면 위를 미끄러진다. 그렇지만 그는 급작스럽게 몸을 떨면서 발을 바꾼다.[7]

가장 놀라운 것은 1885년 이래 이런 수천 가지 사례가 관찰된 뒤, 20세기 초반에는 그런 신체장애가 더 이상 실질적으로 기록되지 않았다는 사실이다. 1971년 겨울 어느 날, 올리버 색스가 뉴욕 거리를 산책하면서 불과 몇 분 만에 투레트 증후군의 세 가지 사례를 봤다고 생각했던 날까지는 말이다. 이처럼 [신체장애에 대한] 기록이 없어진 이유를 설명할 수 있는 가설 중 하나는 운동실조, 경련, 근육긴장 이상 등이 그 사이에 규범[정상]이 됐고, 어느 순간부터 모든 사람이 자기 몸짓에 대한 통제를 상실한 채 격하게 걷고 몸짓을 하게 됐다는 것이다. 어쨌든 이것이 에티엔-쥘 마레[8])와 뤼미에르 형제[9])가 바로 이 시대에 찍기 시작한 영화를 볼 때 우리가 받을 수 있는 인상이다.

2. 자신의 몸짓을 잃어버린 사회는 잃어버린 것을 영화에서 되찾고자 하며, 동시에 영화에 그 상실을 기록하고자 한다.

자신의 몸짓을 잃어버린 시대는 바로 이런 이유 때문에 그 몸짓에 집착하게 된다.[10]) 자연스러움을 모조리 잃어버린 인간들에게는 모든 몸짓이 운명이 되어버린다. 그리고 눈에 보이지 않는 역량[잠재력]의 영향을 받아 몸짓이 그 편안함을 잃어버리면 잃어버릴수록, 삶은 더욱 이해할 수 없는 것이 되어버린다. 수십 년 전까지만 해도 자신의 상징을 아직 확고하게 갖고 있던 부르주아지가 이 국면에서는 내면성에 무릎을 꿇고 심리학에 열중하게 된다.

프리드리히 니체는 유럽 문화에서 몸짓의 말소와 상실로 향하는 한 극과 몸짓이 숙명으로 변형되어버리는 다른 극 사이의 긴장이 정점에 도달한 순간이다. 사실상 영원회귀라는 사상은 역량[잠재태]과 행위[현실태], 자연스러움과 꾸밈, 우연성과 필연성이 식별불가능하게 되는 몸짓으로서만 (즉, 궁극적으로는 극장으로서만) 이해될 수 있다. 『차라투스트라는 이렇게 말했다』는 자신의 몸짓을 상실한 인류의 발레이다. 그리고 시대가 이것을 깨닫고 나서야 그 잃어버린 몸짓을 최후의 순간에^{in} $_{extremis}$ 회복하려는 성급한 시도가 시작됐다(하지만 너무 늦었다!). 이사도라 던컨과 세르게이 디아길레프의 춤, 마르셀 프루스트의 소설, 조반니 파스콜리에서 라이너 마리아 릴케에 이르는 **유겐트 양식**의 위대한 시, 그리고 가장 전형적인 방식으로 무성영화는 마법의 원을 그린다(이 원 속에서 인류는 손에서 영원히 빠져나가버린 것을 마지막으로 불러들이려 했다).

같은 시대에 아비 바르부르크[11)]는 어떤 연구를 시작했다. 심리학에 경도된 예술사의 근시안만이 그 연구를 '이미지학'이라고 정의할 수 있었을 뿐이다. 사실 그 연구의 중심에는 역사적 기억의 결정체로서의 몸짓과 그 몸짓이 경직되어 운명으로 굳어지는 과정, 그리고 역동적인 양극화를 통해 그런 경직된 운명에서 몸짓을 해방시키려는 예술가들과 철학자들의 끈질긴 노력(바르부르크가 보기엔 광기의 극한에 이른 노력)이 있었다.* 이 연구가 이미지의 매개를 통해 수행됐기 때문에, 사람들은 이미지도 연구대상이었을 것이라고 믿었다. 반대로 바르부르크는 이미지를 완전히 역사적이고 역동적인 요소로 변형시켰다(마찬가지로 칼 융에게 이미지는 원형이라는 초역사적 영역의 모델을 제공할 것이었다). 이런 의미에서 미완으로 남은, 거의 수천 장의 사진으로 이뤄진 도해집 『므네모시네』[12)]는 이미지들의 부동의 목록이 아니라, 오히려 고대 그리스에서 파시

---

* 얄궂게도 아비 바르부르크 역시 1918년부터 1924년까지 우울증과 정신분열증으로 루트비히 빈스방거의 병원에서 치료를 받았다.

즘에 이르기까지 서양인들의 몸짓의 잠재적으로 운동하는 표상이다(요컨대 에르빈 파노프스키보다 안드레아 데 조리오[13])에 가까운 것이다). 각 섹션 안에 담긴 개별 이미지들은 자율적 실재라기보다는 영화의 포토그램으로 간주되어야만 한다(적어도 발터 벤야민이 언젠가 변증법적 이미지를 시네마토그래피의 선구자, 즉 페이지를 빠르게 넘길 때 운동하는 듯한 인상을 주는 소책자와 비교했던 것과 똑같은 방식으로 말이다).

3. 영화의 요소는 몸짓이지 이미지가 아니다.

질 들뢰즈는 영화가 심적 실재로서의 이미지와 물리적 실재로서의 운동에 대한 거짓된 심리학적 구별을 지워버린다고 주장했다. 영화의 이미지는 (고대의 형상처럼) **영원한 포즈**도, 운동의 **움직이지 않는 단면**도 아니다. 오히려 영화의 이미지는 그 자체가 운동하고 있는 이미지인 **움직이는 단면**으로, 들뢰즈는 이것을 **운동-이미지**라고 불렀다.[14] 들뢰즈의 분석을 더 확장해 그 분석이 근대성에서 이미지가 차지하는 지위와 일반적으로 어떻게 관련되는지를 보여줄 필요가 있다. 하지만 이것은 이미지의 신화적 견고함이 깨어졌으며, 엄밀히 말해 이미지가 아니라 몸짓이 관건이어야 한다는 뜻이다. 사실, 모든 이미지는 이율배반적인 극성極性에 의해 움직인다. 한편으로 이미지는 몸짓의 사물화이자 말소이다(이것이 '데스마스크'로서의, 또는 상징으로서의 '이마고[이미지]'imago이다). 다른 한편으로 이미지는 (머이브리지의 순간포착 사진이나 스포츠 사진이라면 무엇이든 그렇듯이) 본디 그대로의 잠재력을 보존한다. 전자가 의지적 기억이 가로챈 추억에 상응하는 반면, 후자는 비자발적 기억이 현현顯現할 때 번쩍이는 이미지에 상응한다. 그리고 전자가 마술적 고립 속에서 살아가는 반면, 후자는 항상 그 기억 자체를 넘어서 그 기억이 일부를 이루는 전체를 가리킨다. 심지어 레오나르도 다 빈치의 「모나리자」와 디에고 벨라스케스의 「시녀들」 역시 부동하며 영원한 형상으로 보이는 것이 아니라 몸짓의 단편이나 어떤 잃어버린 영화의 포토그램처럼 보이는데, 이런 영화만이 이 그림들의 진정한 의미를 되돌려줄 수 있는지도 모른다. 모든 이미지에는 일종의 **구속**이, 다시 말해서 사물을 마비시키는 힘이 작동하고 있는데 이 힘의 마법을 풀어야 한다. 마치 이미지를 몸짓 쪽으로 해방시키는 무언의 주문이 예술사 전체에서 일어나는 듯 말이다. 바로 이것이 고대 그리스에서는 전설, 즉 조각들이 자신들을 구속하던 속박에서 벗어나 움직이기 시작했다는 전설에 의해 표현된 것이다. 그렇지만 이것은 철학이 어떤 이념에 떠맡긴 의도이기도 하다. 이 이념은 광범위하게 유포된 해석이 주장하는 바와 같이 움직이지 않는 원형으로 간주되는 것이 아니라, 오히려 현상들이 하나의 몸짓으로 조성되는 곳으로서의 성좌이다.

영화는 이미지를 몸짓의 나라로 데리고 간다. 새뮤얼 베케트가 『밤과 꿈』[15)]에서 암묵적으로 제시한 아름다운 정의에 따르면, 영화는 몸짓의 꿈이다. 영화감독의 임무는 각성의 요소를 이 꿈에 도입하는 것이다.

4. 영화의 중심은 이미지가 아니라 몸짓에 있기 때문에 영화는 본질적으로 윤리와 정치 분야에 속한다(따라서 단순히 미학 분야에 속하는 것이 아니다).

몸짓이란 무엇인가? 마르쿠스 테렌티우스 바로[16)]의 지적은 귀중한 함의를 담고 있다. 바로는 몸짓을 행동^{azione}의 영역에 포함시켰지만 행위^{agere}와도, 제작^{facere}과도 구별한다.

> [행동의 세 번째 단계는 무엇인가를 제작^{faciunt}하는 것이라고들 한다. 여기서 행위하다^{agere}, 제작하다^{facere}, 수행하다^{gerere} 사이의 유사성 때문에, 그것들을 한 가지로 생각하는 이들의 오류가 생긴다.]* 어떤 사람은 무엇인가를 제작하지만 행위하지 않을 수 있다. 시인이 희곡을 제작하지 행위하지는['어떤 역할을 맡는다'] 않는 것처럼 말이다. 거꾸로 배우는 희곡을 행위하지 제작하지는 않는다. 이와 마찬가지로 희곡은 시인에 의해 제작되지만[fit] 행위되지는[agitur] 않는다. 희곡은 배우에 의해 행위되는 것이지 제작되지는 않는다. 정반대로 우리는 최고권을 부여받은 행정관^{imperator}에 대해 [그 일을 제 것으로 삼고, 전적인 책임

---

* 영어판에서 추가로 인용한 구절.

을 맡는다는 뜻에서] '어떤 일을 수행하다'^res gerere라는 표현을 쓰는데, 이 점에서 최고권자는 어떤 일을 제작하지도 행위하지도 않고 수행한다^gerit. 요컨대 짊어진다[sustinet].17)

여기에서 몸짓의 특징은 그것이 생산되거나 행위되는 것이 아니라, 맡고 짊어져지는 것이라는 점이다. 즉, 몸짓은 에토스*의 영역을 인간의 가장 고유한 영역으로 열어젖힌다. 하지만 어떤 방식으로 행동은 맡고 짊어져지는가? 어떤 방식으로 어떤 '일'^res은 '업적'^res gesta[맡고 짊어진, 즉 수행된 일]이 되는가? 즉, 어떤 방식으로 단순한 사실은 하나의 사건이 되는가? 제작하다와 행위하다에 대한 바로의 구별은 결국 아리스토텔레스에게서 유래한다. 『니코마코스 윤리학』의 유명한 구절에서 아리스토텔레스는 이 두 용어를 이렇게 대립시켰다. "행위^praxis의 유類는 제작^poiesis의 유와는 다르다. 제작은 제작 자체와는 다른 목적을 갖지만, 행위는 다른 목적을 가질 수 없다. 잘 행위한다는 것이 행위의 목적 자체이니까"(『니코마코스 윤리학』, VI, 1140b). [바로의] 새로운 점은 이 두 가지 곁에 세 번째 유형의

---

* Ethos. '윤리'(etica)의 어원이 된 그리스어로서 원래 '통례적 성격'을 뜻했다. 그러나 그 의미가 서서히 바뀌면서 관례, 관습, 인간의 존재방식, 성격, 몸짓, 습속 등을 가리키게 됐다. 보통 라틴어로는 '하비투스'(habitus)로 번역되어 사용됐으며, 이탈리아어 '아비튀디네'(abitùdine)의 어원이기도 하다. 아리스토텔레스, 이창우·김재홍·강상진 옮김, 『니코마코스 윤리학』, 이제이북스, 2006. 특히 1103a 14 이하를 참조하라.

행동을 규정한 것이다. 만일 제작이 목적을 위한 수단이고, 행위가 수단 없는 목적이라고 한다면, 몸짓은 도덕을 마비시키는 목적과 수단 사이의 거짓된 양자택일을 깨뜨리는 것이다. 그리고 그 대신에, [목적과 수단이라는 양자택일을 깬다는] 이런 이유로 목적이 되지 않고서도 **그 자체**로 매개성의 범위를 벗어나는 수단을 제시하는 것이다.

그러므로 몸짓을 이해함에 있어서 한편으로 수단의 영역을 어떤 목표를 상정하는 것으로 제시하는 것(가령 보행을 A 지점에서 B 지점으로 몸을 옮기는 수단으로 바라보는 것)과, 다른 한편으로 위의 것과는 구별되고 상위에 놓인 것으로, 즉 그 자체 안에 목적을 갖는 운동처럼 몸짓의 영역을 제시하는 것(예를 들어 춤을 미학적 차원으로 간주하는 것)만큼 헛짚는 일도 없다. 수단 없는 합목적성은 목적과 관련해서만 의미를 갖는 매개성만큼이나 길을 잘못 든 것이다. 만일 춤이 몸짓이라면, 그것은 춤이 신체운동의 매개적 성격을 짊어지고 전시하기 때문에 그런 것이다. **몸짓은 매개성을 전시하며, 수단을 그 자체로 보이게 만든다.** 몸짓은 인간의 '매개-안에-있음'essere-in-un-medio을 나타나게 하며, 이런 식으로 '매개-안에-있음'을 위한 윤리적 차원을 열어젖힌다. 하지만 포르노 영화에서처럼 타인에게 (혹은 그 자신에게) 쾌락을 선사할 목적으로 상정된 수단일 뿐인 몸짓을 수행하는 행위에 사로잡힌 여인은, 자신의 매개성 속에서 촬영되고 전시된다는 이유만으로, 바로 그 매개성에 의해서 멈춰져 있으며, 관객에게 새로운 쾌락을 주는 매개가 될 수 있다(그렇지 않으면 이 쾌락은 이해불가할 것이다). 또는 무언극의 사례에서 그렇듯이, 몸짓이 가장 친숙한 목표로 제시될 때 이런 몸짓은 그 자체로서 전시된다. 따라서 "욕망과 실현, 범행과 그것의 회상 사이에," 즉 스테판 말라르메가 "순수한 사이"milieu pur라고 부른 것 속에 멈춰 있게 된다. 이와 마찬가지로 몸짓에 있어서 인간들끼리 서로 소통하는 곳은 그 자체가 목적인 목적의 영역이 아니라 목적 없는 순수한 매개성의 영역이다.*

바로 이런 식으로만 "목적 없는 합목적성"**이라는 칸트의 모호한 표현은 구체적인 의미를 획득하게 된다. 수단[의 차원]

---

* 아감벤은 여기서 수단 없는 합목적성, 목적과 관련해서만 의미를 갖는 매개성, 목적 없는 수단을 각각 구분하고 있다. 첫째, 춤은 본디 춤 자체가 목적인 **미학적 차원**에 속하지만, 신체운동의 매개적 성격을 전시하는 수단의 차원에서만 몸짓일 수 있다. 둘째, 포르노 영화에 등장하는 주인공의 몸짓은 본디 관객에게 쾌락을 주는 **목적에 종속된 수단의 차원**에 속하지만, 그 몸짓의 매개성 자체가 수단으로-존재함 속에서 포착되고 중단되는 한에서만 몸짓으로 간주될 수 있다. 이와 달리 무언극(마임)은 목적 없는 순수 수단이 전시하는 **몸짓의 차원**의 매개성을 가장 분명히 보여준다.

** "아름다움은, 합목적성이 목적의 표상 없이도 어떤 대상에서 지각되는 한에서, 이 대상의 합목적성의 형식이다"(임마누엘 칸트, 백종현 옮김, 『판단력 비판』, 아카넷, 2009, 237쪽). 그리고 "일체의 (객관적인 또는 주관적인) 목적 없이, 대상을 표상함에 있어서 주관적 합목적성만이, 따라서 그에 의해 우리에게 대상이 주어지는 표상에 있어 합목적성의 순전한 형식만이, 우리가 그 형식을 의식하는 한에서, 우리가 개념 없이 보편적으로 전달가능한 것이라 판정하는 흡족[만족]을 형성할 수 있으며, 그러니까 취미판단의 규정근거를 이룰 수 있다"(칸트, 『판단력 비판』, 216쪽).

에서 목적 없는 합목적성은 몸짓의 역량이다. 그 역량은 몸짓의 수단으로-존재함$^{esser-mezzo}$ 속에서 몸짓을 중단시키고, 그럼으로써만 몸짓을 전시하고 일을 업적으로 만든다. 이와 마찬가지 방식으로, 만일 우리가 '말'을 소통수단으로서 이해한다고 할 때, 말을 보여준다는 것은 우리가 말을 소통대상으로 만들 수 있게 해주는 보다 높은 수준(일차적인 수준에서는 그 자체로 소통불가능한 메타언어)을 갖게 된다는 뜻이 아니다. 오히려 그것은 어떤 초월성도 없이 말 고유의 매개성 속에서, 그 자체의 수단으로-존재함 속에서 그 말을 전시한다는 뜻이다. 이런 의미에서 몸짓은 소통가능성의 소통이다. 보다 정확하게 말하면, 몸짓은 말해야 할 것이라곤 아무것도 없다. 왜냐하면 몸짓이 보여주는 것은 순수 매개성으로서의 인간의 언어활동-안에-있음이기 때문이다. 하지만 언어활동-안에-있음은 명제로 말해질 수 있는 어떤 것이 아니기 때문에, 몸짓은 본질적으로 항상 언어활동 속에서 파악되지 않는 몸짓이다. 몸짓은 항상 그 단어의 가장 적합한 의미에서 **개그**^{gag}이다. 개그란 무엇보다도 말을 막으려고 입을 틀어막는 것을 뜻하고, 이어서 기억에 구멍이 났거나 말이 안 나올 때 얼버무리려고 배우가 즉흥으로 하는 연기를 뜻한다. 몸짓과 철학뿐만 아니라 철학과 영화 사이의 근접성은 바로 이 지점에서 도출된다. 영화의 본질적인 '침묵'[무성성](이것은 사운드트랙의 현존이나 부재와 아무런 관련이 없다)은 철학의 침묵과 마찬가지로 인간의 언어활동-안에-

있음의 노출, 즉 순수 몸짓성이다. 신비로운 것이란 말해질 수 없는 것을 보여주는 것이라는 루트비히 비트겐슈타인의 정의는 문자 그대로 **개그**에 대한 정의이다. 그리고 모든 위대한 철학 텍스트는 언어활동 자체를, 언어활동-안에-있음 자체를 기억의 거대한 구멍으로서, 치유할 수 없는 '언어장애'로서 전시하는 개그이다.

5. 정치란 순수 수단의 영역이다. 바꿔 말하면 그것은 인간의 절대적이고 전면적인 몸짓성의 영역이다.

6. 언어와 인민

집시가 프랑스에 출현했던 것은 15세기 초, 전쟁과 혼란의 시대였다. 그들은 패를 지어 나타났으며, 이집트에서 왔다고들 했다. 그 패를 지휘한 것은 에집토 파르보$^{Egipto\ parvo}$의 공작, 또는 에집토 미노리$^{Egipto\ minori}$의 백작이라고 자칭한 자들이었다.

오늘날의 프랑스 영토에서 최초의 집시 집단이 보고된 것은 1419년이었다. …… 1419년 8월 22일, 그들은 샤티옹-앙-동브라는 작은 마을에 출현했다. 다음 날, 그들은 소이집트의 공작 안드레아라고 하는 자에 의해 이끌려 약 6리외[약 29km] 떨어져 있는 생-로랑-드-마콩에 도달했다. …… 1422년 7월에는 더 큰 규모의 무리가 이탈리아로 남하했다. …… 1427년 8월 집시들은 전쟁 중이던 프랑스를 가로질러 처음으로 파리의 성문 앞에 모습을 드러냈다. …… 수도는 영국인들이 점령한 상태였으며, 일-드-프랑스 전역에는 도적떼가 들끓었다. 에집토 파르보 또는 에집토 미노리의 공작입네, 백작입네 하

는 자들이 이끈 몇몇 집시 집단은 피레네 산맥을 넘어 바르셀로나에까지 도달했다.[1]

역사가들은 코키야르들*과 그밖의 악당들이 사용한 은어인 아르고^{argot}의 탄생도 대략 이 시기로 거슬러 올라간다고 보고 있다. 이 패거리들은 중세 사회에서 근대 국가로의 이행을 표시하는 격동의 시대에 번창했다. "사실 위에서 서술한 코키야르들은 자신들끼리 은어$^{langage\ exquis}$를 사용했다. 다른 사람들은 그 은어를 배우지 않으면 결코 이해할 수 없다. 코키야르들은 이 언어를 통해 앞서 말한 코키유의 구성원을 알아본다"(코키야르들에 대한 재판에서 페르네가 한 증언).[2]

이 두 가지 사실과 관련된 사료들을 단순히 비교함으로써 알리스 벡커-호는 거의 대부분 인용으로 이뤄진 독창적인 작품을 쓰려던 발터 벤야민의 기획을 실현하는 데 성공했다.[3] 책의 테제는 얼핏 보기에 대수롭지 않아 보인다. 부제("위험한 계급들이 사용한 아르고의 기원에서 간과된 요인")가 가리키듯이, 집시들의 언어인 롬^{Rom}어에서 아르고 어휘의 일부가 유래했음을 증명하는 것이 열쇠였다. 책 끝에 수록된 짧지만 중요한 '용어해설'은 "유럽 집시의 방언에서 기원했다고 확실하게 말

---

* Coquillards. '조가비'를 뜻하는 '코키유'(coquille)에서 유래한 말로 도적떼를 뜻한다. 당시의 순례자들은 순례의 징표로 조가비를 달고 다녔는데, 도적떼가 정체를 숨기기 위해서 이 조가비를 이용했다.

할 수는 없더라도, 그 방언의 명백한 메아리"[4)]를 보여주는 아르고 용어의 목록을 나열한다.

이 테제는 사회언어학의 영역을 벗어나지는 않지만, 어쨌든 또 다른 좀 더 유의미한 논점을 내포하고 있다. 아르고가 엄밀히 말해서 언어가 아니라 은어인 것처럼, 집시 역시 인민이 아니라 다른 시대로부터 유래하는 무법자 계급의 마지막 후예라는 것이다.

> 집시는 중세 시대의 유산이다. 즉, 다른 시대에서 온 위험한 계급인 것이다. 집시가 쓰는 용어는 상이한 아르고를 거쳤다. 이는 마치 집시가 처음 출현한 이래로 자신들이 거쳐 간 나라들의 성姓(가제스코 나브**)을 채택함으로써, 읽을 줄 안다고 자처하는 모든 사람들이 보기에 어떤 의미에서 서류상의 정체성을 상실해버린 것과 같다.[5)]

이 사실은 학자들이 집시의 기원을 해명하는 데, 또 집시의 언어와 관습을 제대로 인식하는 데 결코 성공하지 못한 까닭을 설명해준다. 즉, 이 경우에 민속지적 조사는 정보제공자가 일관되게 거짓말을 하고 있기 때문에 불가능하게 된다.

분명히 독창적이긴 하지만, 주변부적인 인민의 현실과 언어

** Gadjesko nav. 롬어로 '외국인 이름'을 뜻한다.

현실에 관련될 뿐인 이 가설이 왜 그렇게 중요한가? 언젠가 벤야민은 역사의 결정적인 계기에는 사회적 지식이라는 기계의 감춰진 볼트와 너트에 개입하면서 왼손이 마지막 결정타를 날리게 될 것이라고 쓴 적이 있다.[6] 비록 자기 테제의 한계 안에 조심스럽게 머물러 있었지만, 벡커-호는 우리[서구] 정치이론의 바로 그 결접점에 곧 폭파될 지뢰를 설치했음을 완벽하게 의식하고 있었음에 틀림없다. 사실 우리는 인민이란 무엇인가 또는 언어란 무엇인가 등에 관해 아주 사소한 관념마저도 갖고 있지 않다(잘 알려져 있다시피 언어학자들은 말한다는 사실^{factum} ^{loquendi}, 즉 [언어]과학으로는 여전히 접근할 수 없지만, 인간이 말하고 서로 알아듣는다는 단순한 사실에 기초할 때만 문법을 구축할 수 있다. 언어라고 불릴 수 있는 서술가능한 특성을 지닌 균일한 총체를 말이다).[7] 그렇지만 우리의 모든 정치 문화는 이 두 개념[인민과 언어] 사이의 관계에 토대를 두고 있다. 의식적으로 이런 연관을 만들고, 그런 식으로 근대의 언어학뿐만 아니라 여전히 지배적인 정치이론에도 상당한 영향을 줬던 낭만주의 이데올로기는 불명료한 어떤 것(인민 개념)을 좀 더 불명료한 어떤 것(언어 개념)의 도움을 받아 명확히 하고자 노력했다. 이렇게 수립된 일대일 대응을 통해, 윤곽이 정해지지 않은 두 개의 우발적인 문화적 실체는 나름의 필연적 법칙과 성격을 지닌 거의 자연적인 유기체로 탈바꿈했다. 사실상 정치이론이 다수성의 사실$^{factum\ pluralitatis}$[다수가 함께 존재한다는 사실](우리는 이렇게 인민populus과 어원적으로 연결된 용어를 가지고 사람들이 공동체를 형성한다는 단순한 사실을 가리킨다)을 설명하지도 못하고 그것을 전제해야 하듯이, 언어학은 말한다는 사실에 의문을 품지 않고 그것을 전제해야만 한다. 이 두 가지 사실의 단순 대응이야말로 근대 정치담론의 토대가 된다.

집시와 아르고의 관계가 이런 대응을 근본적으로 의문에 부치는 것은 바로 이 순간, 즉 이런 대응을 패러디처럼 재규정하는 순간이다. 집시와 인민의 관계는 아르고와 언어의 관계와 같다. 이런 유비가 아주 짧은 순간 지속되더라도, 그것은 언어와 인민 사이의 대응이 은밀하게 감추고자 의도했던 바로 그 진리를 비춘다. 즉, **모든 인민은 패거리이자 '코키유'이며, 모든 언어는 은어이자 '아르고'라는 진리를 말이다.**

여기에서 관건은 이 테제의 과학적 정확성을 평가하는 것이 아니라 오히려 이 테제의 해방적 역량이 빠져나가지 않도록 하는 데 있다. 이 역량에 시선을 고정할 줄 알았던 자에게, 우리의 정치적 상상계를 지배하고 있는 도착적이고 집요한 기계들은 갑작스레 그 권력을 상실할 것이다. 게다가 인민이라는 관념이 오랫동안 그 어떤 실체적인 현실성마저도 상실해버린 오늘날, 결국 우리가 하나의 상상계에 관해 말하고 있다는 것은 누구에게나 명확할 것이다. 설령 낡은 철학적 인간학이 나열한 성격들의 무미건조한 목록을 넘어서는 어떤 실질적인 내용이 [인민이라는] 관념에 있었음을 인정한다 하더라도, 이 관념의 수호자이자 발현물임을 자처한 바로 그 근대 국가가 이 관념을 이미 무의미하게 만들어버렸다. 선의의 잡담들에도 불구하고, 오늘날 인민[이라는 관념]은 국가 정체성의 공허한 받침대에 불과하며, 그것으로만 인정될 뿐이다. 여전히 이에 약간의 의심을 품는 사람이라면 우리 주변에서 일어나고 있는 일을 둘러만 봐도 이런 관점에서 배우는 바가 있을 것이다. 한편으로 세계의 열강들은 **인민 없는 국가**(쿠웨이트)를 방어하기 위해 무기를 들고 있으며, 다른 한편으로 **국가 없는 인민들**(쿠르드인, 아르메니아인, 팔레스타인인, 바스크인, 디아스포라 중인 유대인)은 억압되고 몰살될 수 있지만 그 가해자는 아무런 형벌도 받지 않는다. 말하자면 인민의 운명은 국가의 정체성일 수밖에 없으며, **인민**이라는 개념은 시민권 개념 안에서 재코드화될 때에만 의미가 있을 수 있다는 것은 분명하다. 따라서 그 어떤 국가적 위엄도 갖고 있지 않은 언어들(카탈로니아어, 바스크어, 게일어 등)의 특이한 지위, 즉 언어학자들이 자연스럽게 언어로 다루고는 있지만 사실상 은어나 방언으로 작동하며 거의 항상 직접적으로 정치적 의미를 띠게 되는 이 언어들의 특이한 지위도 마찬가지이다. 이처럼 언어, 인민, 국가가 사악하게 꼬여 있는 모습은 시오니즘의 경우에 특히 분명하게 드러난다. 인민 중의 인민을 하나의 국가(이스라엘)로 구성하길 원했던 이 운동은, 바로 이런 이유 때문에 일상에서 쓰이는 다른 언어나 방언(라디노어, 이디시어)으로 대체됐던 순전한 교양용 언어(히브리어)를 다시 활성화해야 한다고 느꼈다. 하지만 전통 수호자들의 눈에는 이렇게 성스러운 언어를 다시 활성화하는 것이야말로 언젠가 언어가 복수하게 될 기괴한 세속화[신성모독]^{profanazione}로 보였다(1926년 12월 26일, 예루살렘에서 게르숌 숄렘은 프란츠 로젠츠바이크에게 이렇게 써보냈다. "우리는 심연 위를 걷고 있는 맹인처럼 우리의 언어 속에서 살고 있습니다. …… 이 언어에는 미래의 파국이 드리워져 있습니다. …… 이 언어가 그것을 말하는 사람들에게 반기를 들 날이 올 것입니다"8)).

모든 인민은 집시이고, 모든 언어는 은어라는 테제는 [언어, 인민, 국가의] 이런 꼬임을 푼다. 그리고 그 테제는 우리 문화 내부에서 주기적으로 출현했지만 오해되고 지배적인 개념화로 되돌려졌을 뿐인 다양한 언어활동의 경험을 새로운 방식으로 볼 수 있게 해준다. 『속어론』에서 바벨 신화를 언급하며 모든 종류의 탑-건축가들은 다른 이들이 이해할 수 없었던 자신들만의 언어를 부여받았고, 이런 바벨의 언어들로부터 자신이 살던 시대의 구어^{口語}가 파생됐다고 말했을 때, 단테 알리기에리는 지상의 모든 언어가 은어라고(특히 직업 언어는 은어의 모습을 하고 있다) 제시한 것이 아닐까?9) 그리고 모든 언어에 들어 있는 이런 내밀한 은어성^{gergalità}에 맞서 단테는 (그의 사유에 대한 오래된 곡해가 주장하듯이) 국어와 문법이라는 대책을 제안하지 않았다. 오히려 단테는 '빛나는 속어'라고 부르는, 말을 경험하는 방식 자체의 변형을 제안했다. 그리고 **말한다는 사실**

로 향하는 은어 자체의 일종의 해방(문법적인 해방이 아니라 시적이고 정치적인 해방)을 제안했다.

프로방스의 트루바두르들이 사용하던 **트로바르 클루스*** 자체가 어떤 의미에서는 오크어**가 비밀스런 은어로 바뀐 것이다(프랑수아 비용10)이 자신의 발라드 몇 편을 쓰면서 **코키야르들의 아르고**를 사용한 것도 이와 그리 다르지 않다). 하지만 이런 은어가 말하는 것은 사랑이라는 경험의 장소와 대상으로 표시되는 언어활동의 또 다른 모습일 뿐이다. 좀 더 최근으로 와보자. 이런 관점에서 보면, 루트비히 비트겐슈타인에게 있어서 언어활동의 순수한 실존(**말한다는 사실**)을 경험하는 것이 윤리에 해당할 수 있다는 것은 놀랍지 않다.11) 더욱이 벤야민이 구원받은 인류의 모습을 문법이나 특수어로 환원될 수 없는 '순수언어'에 맡긴다는 것도 놀랍지 않다.

인민들이 **다수성의 사실**의 다소 성공적인 가면인 것처럼 언어들이 언어활동의 순수 경험을 가려버리는 은어라 하더라도,

---

* Trobar clus. 중세(특히 1100~1350년)에 프랑스 남부에서 활약한 음유시인 '트루바두르들'(troubadours)이 사용한 시의 형태로 복잡한 격률, 의미보다는 음을 중시하는 것 등의 특징을 지닌다. 단테 알리기에리가 "최고의 창조자"라고 칭송했던 프랑스의 음유시인 아르노 다니엘(Arnaut Daniel, 1150?~1210?)이 트로바르 클루스 형식의 시를 쓴 대표적 인물이다. 『신곡』의 「연옥편」은 단테가 다니엘에게서 영향을 받았음을 보여준다.

** Langue d'oc. 중세 유럽, 특히 프랑스의 루아르 강 남부, 이탈리아의 칼라브리아 주, 스페인의 카탈로니아, 모나코 등지에서 쓰이던 언어. 단테에 의해 최초로 기록된 것으로 알려진 언어이기도 하다.

우리의 임무가 분명히 인민들을 국가 정체성으로 재코드화하거나 은어를 문법으로 구축하는 것일 수는 없다. 오히려 이와는 반대로 언어활동의 존재-문법(언어)-인민-국가라는 사슬을 어떤 임의의 지점에서 끊을 때에만 사유와 실천은 시대에 대처할 수 있게 될 것이다. 언어활동의 **사실**과 공동체의 **사실**이 한순간 명확하게 되는 이런 중단의 형식은 시대와 정황에 따라 다양하게 되고 변화하게 된다. 은어의 재활성화, **트로바르 클루스**, 순수 언어, 문법적 언어의 소수적 실천 등. 이 모든 경우에서 쟁점이 단순히 언어적이거나 문학적인 것이 아니라 무엇보다도 정치적이며 철학적이라는 것은 분명하다.

7. 『스펙터클의 사회에 관한 논평』에 붙이는 난외주석

전략가

기 드보르의 책들은 오늘날 지구 전체를 지배하게 된 사회(우리가 살고 있는 스펙터클의 사회)의 비참과 예속에 대한 가장 명석하고 엄격한 분석이다. 그 책들에는 그 자체로 해명이나 찬사는 말할 것도 없고, 하물며 어떤 서문도 필요 없다. 기껏해야 우리는 거기에 몇 가지 난외주석을 덧붙일 수 있을 것이다. 중세의 필사가들이 가장 주목할 만한 구절 옆에 뭔가 기호들을 적어내려갔듯이 말이다. 세상을 등진 수도사와도 같은 당대 필사가들의 엄밀한 의도에 따르면, 그 기호들은 사실 텍스트에서 **분리되어** 있다. 그 기호들의 고유한 장소는 있을 법하지 않은 다른 어떤 곳이 아니다. 오히려 각 기호들이 묘사하는 것을 정확히 지도그리기[1]했을 때 나올 법한 경계/한계설정^{delimitazione}이 그 기호들의 고유한 장소이다.

드보르의 책들이 보여주는 독립적인 판단, 예언적인 통찰, 명쾌한 고전적 문체를 찬양하는 것은 아무짝에도 쓸모없을 것이다. 오늘날 자신의 저작이 한 세기가 지나서도 읽힐 것이라고(그런데 **어떤** 사람들에게?) 생각하며 자위하는 작가는 없다. 다른 사람들보다 먼저 그 작품을 이해한 소수에 끼게 됐다고 우쭐해하는(그런데 무엇과 관련해?) 독자도 없다. 드보르의 책들은 오히려 저항 혹은 엑소더스를 위한 매뉴얼이나 도구로 사용되어야 한다. (질 들뢰즈가 썼던 아름다운 이미지를 따르면) 도주자가 아무렇게나 골라잡아 황급히 허리춤에 찔러 넣은 어울리지 않는 무기들처럼 말이다. 그도 아니라면 오히려 드보르의 책들은 어떤 독특한 전략가의 저작으로 사용되어야 한다(『논평』이라는 제목은 바로 이런 유형의 전통을 참조한다). 그 전략가가 행동하는 장場은 부대가 정렬된 현실태로서의 전장戰場이라기보다는 순수한 지성의 역량[잠재태]이다. 드보르가 『스펙터클의 사회』의 이탈리아어 제4판 서문[2]에서 인용한 카를 폰 클라우제비츠의 구절은 이 특징을 완벽히 표현하고 있다. "모든 전략 비평에서 중요한 것은 정확히 행위자의 관점에 서는 것이다. 사실상 그렇게 하기란 흔히 쉽지 않다. 만일 비평가들이 행위자가 위치한 모든 정세에 스스로를 위치시킨다거나 위치시킬 수 있다면, 상당수의 전략 비평은 완전히 사라지거나 서로 아주 사소한 이해의 차이만을 보일 것이다."[3] 이런 뜻에서 니콜로 마키아벨리의 『군주론』뿐만 아니라 베네딕트 데 스피노자의 『윤리학』도 하나의 전략론이다. **지성의 능력 또는 자유의** de potentia intellectus, sive deliberate 작전*을 위한 전략론.

판타스마고리아

1851년 제1회 만국박람회가 하이드파크에서 커다란 함성과 함께 열렸을 때 칼 맑스는 런던에 있었다. 주최 측은 여러 기획안 중 조셉 팩스턴의 안을 택했다. 팩스턴은 온통 크리스털로 만들어진 거대한 궁전을 계획했다. 메어리 메리필드는 박람회 도록에서 크리스털 궁전에 대해 이렇게 썼다. "갤러리의 동쪽 끝에 있든 서쪽 끝에 있든 관객들이 …… 대기를 지각할 수 있는 아마도 세계에서 유일한 건축물 …… 그 건축물의 가장 멀리 떨어진 부분은 푸른빛으로 물든 원광圓光으로 둘러싸여 있는 것 같다."4) 말하자면 크리스털 궁전은 투명성과 판타스마고리아[환영극]의 기호 아래에서 상품이 거둔 최초의 대승리였다. 1867년 파리 만국박람회 가이드 역시 이렇게 스펙터클한 모순을 주장했다. "공중에게는 그들의 상상력을 자극하는 거대한 개념이 필요하다. …… 공중은 획일적으로 진열된 엇비슷한 생산물이 아니라 신비로운 눈속임을 보고 싶어 한다."

『자본』의 「상품의 물신적 성격과 그 비밀」이라는 제목의 절을 집필할 때, 맑스는 크리스털 궁전에서 받은 인상을 떠올렸을 수도 있다. 이 절이 그 책에서 으뜸가는 지위를 차지하는 것은 우연이 아니다. 상품의 '비밀'을 폭로하는 것은 자본의 마술 같

---

* 베네딕트 데 스피노자의 『윤리학』(1677) 제5부의 제목이 바로 「지성의 능력 또는 인간의 자유에 대하여」이다.

은 지배(자본은 항상 이 지배를 공공연하게 내세움으로써 은폐하고자 했다)를 우리가 사유할 수 있도록 열어준 열쇠였다.

이 비물질적인 중심(노동의 생산물은 사용가치와 교환가치로 쪼개지며 "감각적이면서 동시에 초감각적인 …… 판타스마고리아"로 변한다5))에 대한 식별이 없었다면, 『자본』에서 수행된 모든 후속 연구는 아마도 가능하지 않았을 것이다.

하지만 1960년대에 맑스주의 집단은 어리석게도 상품물신성에 대한 맑스의 분석을 무시했다. 1969년의 『자본』 보급용 재판에 부친 서문에서 루이 알튀세르는 물신성 이론이 헤겔 철학의 "명백"하고 "지극히 해로운" 흔적이라는 이유를 대면서 독자더러 1장을 건너뛰라고 권한다.6)

바로 이런 까닭에 드보르가 스펙터클의 사회, 즉 그 극단적 형태에 도달한 자본주의에 대한 자신의 분석을 이 "명백한 흔적" 위에 세우는 몸짓은 그만큼 더 주목할 만하다. 자본의 "이미지 되기"는 상품이 행하는 최후의 변신일 뿐이다. 거기에서 교환가치는 이제 사용가치를 완전히 가려버리고, 사회적 생산 전체를 위조한 뒤에 삶 전체를 지배하는 절대적이고 무책임한 주권의 지위에 도달할 수 있다. (상품이 처음으로 베일을 벗고 자체의 신비를 전시했던) 하이드파크의 크리스털 궁전은 이런 뜻에서 스펙터클에 대한 예언, 혹은 오히려 19세기가 20세기에 대해 꾸었던 악몽이다. 이 악몽에서 깨어나는 것이 상황주의자들이 스스로에게 부과했던 첫 번째 임무이다.

발푸르기스의 밤*

드보르가 자신과 비교해도 좋다고 수긍할 만한 20세기의 작가가 있다면, 바로 칼 크라우스가 그런 작가일 것이다. 저널리스트들에 맞서 격렬히 싸울 때 크라우스만큼 스펙터클의 숨겨진 법칙들("행위는 보도[뉴스]를 낳고, 보도는 행위에 책임이 있다"7))을 백일하에 드러낼 줄 알았던 사람도 없었다. 드보르의 영화에서 스펙터클의 잔해가 널려 있는 사막을 보여줄 때 삽입되는 화면 바깥의 목소리에 상응하는 어떤 것을 상상해야만 한다면, 크라우스의 목소리만큼 적합한 것도 없으리라. 어느 공개강연(엘리아스 카네티는 그 강연의 매력을 묘사하기도 했다)에서 크라우스의 목소리는 자크 오펜바흐의 오페레타를 읽으면서 승리에 찬 자본주의의 내밀하고도 잔혹한 아나키^{anarchia} [무근거성]를 적나라하게 드러냈다.

우리는 사후에 간행된 『세 번째 발푸르기스의 밤』(1952)에서 크라우스가 나치즘의 대두를 앞에 두고 자신이 침묵했던 것

---

* Walpurgisnacht. 영국의 그리스도교도로서 프랑크 왕국에서 선교활동을 하던 중 사망한 성 발푸르가(Saint Walpurga, 710~779)를 기념하는 날. 고대 이교도의 봄 축제와도 관련 있는 날로서 4월 30일 밤에 시작되는 기념식은 5월 1일까지 이어진다. 독일 전설에서는 겨울이 끝나고 봄이 오는 것을 축하하기 위해 마녀들이 브로켄산에서 마왕과 주연(酒宴)을 갖는 날로 알려져 있는데, 주연식이 끝날 때쯤 발푸르가가 이들을 쫓는다(5월 1일은 발푸르가가 성인 축성을 받은 날이기도 하다). 공교롭게도 나치의 핵심들이 이 기간에 '피의 주연'을 벌였는데 아돌프 히틀러는 1945년 4월 30일, 국무총리 요제프 괴벨스와 육군참모총장 한스 크레프스는 5월 1일 자살했다.

을 정당화한 재담을 알고 있다. "히틀러에 대해서는 내 머리 속에 들어오는 것이 하나도 없다."[8] 이 잔혹한 기지^{Witz}(크라우스는 서슴없이 자신의 한계를 고백한다)는 묘사불가능한 것이 현실이 되어버린 상황에 직면했을 때 풍자가 보여주는 무능을 표시하는 것이기도 하다. 풍자시인으로서 크라우스는 정말로 "언어활동의 옛 집에 살고 있는/ 최후의 에피고넨 중 한 명"[9]이다. 물론 드보르나 크라우스에게 언어는 정의의 이미지이자 장소로 제시된다. 그렇지만 유사성은 여기까지이다. 드보르의 담론은 풍자가 입을 다무는 바로 그곳에서 시작한다. 언어활동의 옛 집(그리고 그것과 더불어 풍자의 바탕이 되는 문학 전통)은 이제 처음부터 끝까지 위조되고 변조된다. 크라우스는 언어를 최후의 심판의 장소로 만들면서 이 상황에 대처한다. 이와 반대로 드보르는 최후의 심판이 이미 일어났고, 그 심판에서 참이 거짓의 한 계기로밖에 인정받지 못한 뒤에야 말하기 시작한다. 언어에서의 최후의 심판과 스펙터클의 발푸르기스의 밤은 완벽히 일치한다. 이 역설적인 일치는 그[드보르]의 목소리가 화면 바깥에서 영속적으로 메아리쳐오는 바로 그 장소이다.

상황

구축된 상황이란 무엇인가? 『국제상황주의자』 1호에서 주어진 정의를 다시 인용하면, 상황이란 "집단적으로 통합된 환경을 조직하고 [주변의] 사건들로 자유롭게 유희함으로써 구체적이고 계획적으로 구축한 삶의 순간"10)이다. 하지만 상황을 심미주의적 의미에서의 특권적이거나 예외적인 순간으로 생각하면 헛짚은 것이다. 상황은 삶이 예술이 되는 것도 아니고, 예술이 삶이 되는 것도 아니다. 상황의 실제 본성은 우리가 상황을 그 자체의 고유한 장소에 역사적으로 위치시키는 한에서만 이해될 수 있다. 다시 말해서 예술의 종언과 자기파괴 **이후**에, 그리고 니힐리즘의 시험을 거치는 삶의 이행 **이후**에만 말이다. "참된 삶의 지리적 북서항로"11)는 삶과 예술이 서로 차이나지 않는 지점이다. 그 지점에서 **둘 모두 동시에** 결정적인 변신을 겪는다. 이 비非차이의 지점은 결국 자신의 임무에 걸맞은 정치[의 지점]이다. 삶을 무능하게 만들기 위해 환경과 사건을 "구체적이고 계획적으로" 조직하는 자본주의에 맞서 상황주의자들은 마찬가지로 매우 구체적인, 그러나 정반대의 기획을 제시했다. 다시 한 번 말하거니와 상황주의자들의 유토피아는 완전히 장소/공간적^{topica}이다. 왜냐하면 그들의 유토피아는 자신이 전복하고 싶어 하는 것이 일어나는 곳에 위치하기 때문이다. 프리드리히 니체가 『즐거운 학문』에서 자기 사유의 **결정적 실험***을 위치시키는 비참한 무대장치만큼 구축된 상황이라는 생각을 더 잘 설명해주는 것도 없다. 나뭇가지에서 새어나온 달

---

* Experimentum crucis. 1672년 아이작 뉴턴(Isaac Newton, 1643~1727)이 자신의 광학이론을 설명하면서 처음 쓴 용어로, 특정 이론의 옳고 그름을 확정해주는 최종 실험을 가리킨다.

빛에 비친 거미줄이 쳐져 있는 방, 이 순간 악마는 이렇게 묻는다. "너는 이 순간이 수없이 계속 반복되기를 바라느냐?" 이 물음에 대해 "당연히, 나는 바란다"라는 대답이 나오게 되는 바로 그때의 방, 이것이 구축된 상황이다.12) 여기에서 결정적인 것은 세계를 **거의** 손대지 않은 채 **송두리째** 변화시키는 메시아적 전위轉位이다.** 왜냐하면 여기에서는 모든 것이 변하지 않은 채 그대로지만 그 정체성을 잃었기 때문이다.

코메디아 델라르테***에는 카노바초, 즉 배우들에게 주어지는 지시들이 있었다. 그것으로 배우들은 신화와 운명의 힘에

** Spostamento messianico. 발터 벤야민이 게르숌 숄렘에게 물었다고 하는, 도래할 세계에 관한 유대인 이야기를 염두에 둔 듯하다. 이 이야기에 따르면 평화를 위해서 모든 것을 파괴해 완전히 새로운 세계를 산출할 필요가 전혀 없다. 이 컵, 저 돌을 약간만 옮겨 놓기만 해도(즉, 전위/위치바꿈), 다른 모든 것들에 대해서도 이와 같이 하는 것만으로도 충분하다. 그러나 여기에서 "약간만 옮겨 놓아도"라는 것을 실현하는 것이 어렵다. 그 정도를 알아내는 것이 곤란하며, 이 세계에 관해서 인간은 그렇게 할 수가 없다. 메시아의 도래가 필요한 이유가 여기에 있다. Giorgio Agamben, *La communità che viene*, Torino: Einaudi, 1990, pp.36~39. [이경진 옮김, 『도래하는 공동체』, 꾸리에, 2014, 76~82쪽.]

*** Commedia dell'Arte. 14~18세기에 유행한 이탈리아의 가면희극. 막과 장면만이 간략히 기록된 카노바초(canovaccio)[쪽대본]에 근거해 연기자들이 즉흥 연기를 이어갔다. 이런 즉흥성 때문에 연기자들은 이야기와 별 상관없는 농담이나 깜짝 장면을 자주 연출했는데 이것을 통칭해 라찌(lazzi)라고 부른다. 또한 연기자들은 등장인물의 성격을 드러내는 가면을 썼다. 가령 아를레키노(Arlecchino)는 광대 혹은 익살꾼으로서 재치 있고 쾌활한 하인이지만 연인으로서는 변덕스럽고 무정한 인물을 상징하고, 도토레(Dottore)는 현학적인 떠벌이 지식인으로서 호색적인 성향을 지닌 인물을 상징한다. 이처럼 주요 등장인물들이 가면을 썼기 때문에 연기자들은 몸짓언어로 각 인물의 '전형성'을 나타내는 데 주력했다.

서 해방된 인간적 몸짓이 마침내 실현될 수 있는 상황을 가져올 것이었다. 코믹한 가면을 그저 약해 빠진 우유부단한 인물로 생각하는 한, 우리는 그 가면을 하나도 이해할 수 없다. 아를레키노나 도토레는 햄릿이나 오이디푸스를 인물이라고 할 때의 그런 인물이 아니다. 가면은 **인물**이 아니다. 그것은 어떤 유형 속에 형상화된 **몸짓**, 혹은 여러 몸짓의 성좌이다. 상연 중인[현실태의] 상황에서 역할의 정체성에 대한 파괴는 배우의 정체성에 대한 파괴와 한 짝을 이룬다. 여기에서 다시 문제가 되는 것은 텍스트와 상연의 관계, 잠재태와 현실태의 관계이다. 실제로 텍스트와 상연은 잠재태와 현실태가 서로 차이나지 않게 뒤섞이는 가면에 스며든다. 무대 위에서나 구축된 상황에서나 [그곳에서] 일어나는 것은, 어떤 잠재태의 현실화가 아니라 차후에 있을 역량의 해방이다. **몸짓**은 삶과 예술, 현실태와 잠재태, 일반과 특수, 텍스트와 상연이 마주치는 이 교차점을 가리키는 이름이다. 개인의 전기[내력]^{biografia}에서 벗어난 삶의 조각, 그리고 미학적 중립상태에서 벗어난 예술의 조각. 그것은 순수한 실천이다. 사용가치도, 교환가치도, 전기적인 경험도, 비인칭적인 사건도 아닌 몸짓은 상품의 이면이다. 몸짓 때문에 "공통된 사회적 실체의 결정체"[13)]는 상황 속으로 빨려 들어간다.

아우슈비츠/티미쇼아라*

드보르의 책이 [독자들에게] 불안을 안겨주는 가장 큰 이유는 역사가 드보르의 분석을 집요하게 입증해주고 있기 때문인 듯하다.『스펙터클의 사회』가 출간되고 20년이 지나 발표된『논평』(1988)은 모든 분야에 걸쳐 정확한 진단과 예견을 기록할 수 있었다. 그동안 사건의 흐름은 도처에서 균일하게 같은 방향으로 가속화됐다. 이 책이 나온 지 2년 만에 우리는 다음과 같이 말할 수 있었다. 오늘날 세계 정치는 이 책에 담긴 시나리오를 성급히 패러디한 연출에 불과한 듯하다고. 집중된 스펙터클(동구의 인민민주주의들)과 산재된 스펙터클(서구 민주주의들)이 통합된 스펙터클 속에서 하나의 실체로 통일된다는 것이『논평』의 중심 테제 중 하나이다.14) 당대의 많은 사람들이 역설적이라고 생각했던 이 테제는 이제 자명한 사실로 밝혀지고 있다. 두 세계를 나누며 꿈쩍도 않던 벽과 철의 장막이 며칠 만에 치워졌다. 동구 [유럽의] 정부들은 통합된 스펙터클이 자국에서도 완전히 실현될 수 있도록 레닌주의 정당의 추락을 방치했다. 이와 비슷하게 서구 [유럽의] 정부들은 오래 전부터 다수결의 투표기계와 미디어의 언론통제(이 둘 모두 근대 전체주의 국가에서 발전됐다)라는 이름으로 권력의 평형, 사유와 소통의 실질적 자유를 포기했다.

---

* Timişoara. 루마니아 서부의 도시. 1989년 12월 15일 이곳에서 니콜라에 차우셰스쿠(Nicolae Ceauşescu, 1918~1989) 정권에 대한 격렬한 민중시위가 발생해 루마니아뿐만 아니라 동유럽의 연쇄붕괴를 가져왔다(더 자세한 것은 '옮긴이 상세 주석 15번'을 참조하라).

티미쇼아라는 이런 과정의 극단 지점을 대표한다.15) 그것은 세계 정치의 새로운 흐름을 가리키는 이름으로 써도 될 만하다. 그곳에서 비밀경찰은 집중된 스펙터클의 낡은 체제를 전복하기 위해 자기 자신에 대한 반역을 도모했다. 텔레비전은 아무런 내숭 없이 미디어의 현실정치 기능을 까발렸다. 비밀경찰과 텔레비전 모두 거기에서 나치즘조차 감히 상상하지 못한 것, 즉 아우슈비츠와 제국의회의 화재*를 단 하나의 끔찍한 사건으로 일치시키는 데 성공했다. 인류 역사상 처음으로 이제 막 땅 속에 묻혔거나 **시체공시소** 탁자 위에 누인 시체들이 새로운 체제를 정당화했던 살육을 방송 카메라 앞에서 가장假裝하기 위해 황급히 발굴되고 고문당했다. 전 세계가 텔레비전 생방송 화면을 통해 진짜라고 생각하며 봤던 것이 사실은 새빨간 거짓말이었다.** 때때로 위조라는 것이 뻔히 보였는데도 불구하

---

* 1932년 독일제국의회 화재는 나치가 저질렀는데도 나치는 공산당 음모설을 유포했으며, 이것이 공산주의의 탄압과 나치 대약진의 발판이 됐다.

** 차우셰스쿠를 뒤이어 루마니아의 대통령이 된 인물은, 공산당 간부들이 주축을 이룬 국민해방전선(Frontul Salvării Naţionale)의 이온 일레스쿠(Ion Iliescu, 1930~)였다. 따라서 1989년의 루마니아혁명은 진정한 혁명이 아니라 공산당의 한 분파가 다른 분파로 대체된 것뿐이라고 비판받았다. 특히 일레스쿠는 차우셰스쿠 부부의 재판과 시체를 전 세계 미디어에 공개해 새로운 정권의 시작을 알렸는데, 그 뒤로는 국영방송국 등 루마니아의 미디어를 독점해 차우셰스쿠 정권에서 이뤄진 잔악함을 폭로해 널리 퍼드리는 한편, 자기 자신과 당파를 위해 불법 선거와 여론 조작을 행했다. 일레스쿠는 "루마니아 같은 나라에서는 혁명이 불가능하기 때문에 연출되어야 한다"라고 말한 적이 있는데, 그의 말처럼 루마니아혁명은 (미디어가 제공하는 스펙터클을 통해) 연출된 것이라는 게 아감벤의 논지이다.

고, 그 위조는 세계 미디어체계에 의해 진짜로 인정됐다. 분명히 이제 진짜는 가짜의 필연적 운동 속에서 하나의 계기에 불과했다. 이렇게 참과 거짓은 식별불가능하게 됐고 스펙터클은 스펙터클을 통해서만 정당화됐다.

이런 의미에서 티미쇼아라는 스펙터클이 지배하는 시대의 아우슈비츠이다. 아우슈비츠 이후에 더 이상 예전처럼 쓰고 사유하는 것이 불가능하다고 말해졌던 것처럼, 티미쇼아라 이후에는 더 이상 예전과 같은 방식으로 텔레비전 화면을 보는 것은 가능하지 않을 것이다.

셰키나

오늘날 스펙터클이 완승을 거둔 시대에 사유는 어떻게 하면 드보르의 유산을 상속받을 수 있을까? 스펙터클이 언어활동, 소통가능성 자체 그리고 인간의 언어적 존재라는 것은 분명하다. 이 말은 곧 맑스의 분석에 다음의 사실을 합쳐야 한다는 뜻이다. 자본주의(혹은 오늘날 세계사를 지배하는 과정에 다른 이름을 부여해도 상관없다)는 그저 생산적 활동을 수용16)하는 쪽으로 향하는 것이 아니라, 또한 그리고 특히 언어활동 자체의 소외, 인간의 언어적이고 소통적인 본성의 소외, 헤라클레이토스의 단편에서 공통적인 것과 동일시됐던 저 로고스의 소외로 향한다. 공통적인 것을 수용하는 극단적 형태가 스펙터클, 요컨대 우리가 살고 있는 정치이다. 그러나 이는 다음의 것을 의미하기도 한다. 스펙터클에서는 우리의 고유한 언어적 본성이 뒤집혀진 채 우리를 향해 다가온다고. 그렇기 때문에(정확히 공공선의 가능성 자체가 수용되기 때문에) 스펙터클의 폭력은 그토록 파괴적이다. 또한 그렇기 때문에 스펙터클은 긍정적 가능성 같은 어떤 것을 포함하고 있다. 우리는 바로 스펙터클에 맞서 그 가능성을 이용해야 한다.

카발라주의자들이 "셰키나의 고립"이라고 불렀던, 아헬의 탓으로 돌린 잘못만큼 이 조건과 비슷한 것은 없다. 탈무드의 유명한 하가다[17])에 따르면 아헬은 낙원(즉, 최고의 인식)^{pardes}에 들어간 네 명의 랍비 중 한 명이었다. 그 이야기는 다음과 같다. "네 명의 랍비가 천국에 들어갔다. 벤 아자이, 벤 조마, 아헬 그리고 랍비 아키바. …… 벤 아자이는 눈길을 한 번 주고는 죽었다. …… 벤 조마는 둘러보고는 미쳐버렸다. …… 아헬은 종려나무 가지를 꺾었다. 랍비 아키바는 무사히 빠져나왔다."

셰키나^{Schechina}는 열 가지 세피로트^{sephiroth} 혹은 신성의 속성들 중 마지막이다. 사실상 세피로트는 신의 임재 자체, 신이 지상에 현현하고 거주한다는 것, 즉 신의 '말씀'을 표현한다. 카발라주의자들은 아헬이 "종려나무 가지를 꺾은 것"을 아담의 원죄와 동일시했다. 아담은 세피로트 전체에 대해 관조하는 대신 마지막 것만을 관조하기를 더 좋아했고 그것을 다른 것들로부터 고립시키면서, 그리하여 앎의 나무와 삶의 나무를 분리시켰다. 아담처럼 아헬은 인류를 대표한다. 아헬은 앎을 자기 자신의 운명이자 자신의 특정한 역량으로 만듦으로써, 신이 현현하는 가장 완벽한 형태(셰키나)에 다름 아닌 인식과 언어를 신이 계시되는 다른 세피로트로부터 고립시켰다. **여기서 위험은 말씀(다시 말해서 어떤 것의 비은폐이자 계시)이 그것이 계시하는 바로부터 분리되어 자율적인 정합성을 획득한다는 데 있다.** 계시되고 현현된 존재, 그리하여 공통적이고 참여가능한 존재는 계시된 사물로부터 스스로를 분리하고, 이 사물과 인간들 사이에 들어선다. 이 망명의 조건 속에서 셰키나는 자체의 긍정적 역량을 상실하고 사악하게 변한다(카발라주의자들은 그것이 "악의 젖을 빨아먹는다"고 말한다).

이런 뜻에서 셰키나의 고립은 우리 시대의 조건을 표현한다. 구체제에서는 인간이 지닌 소통적 본질의 외화外化가 공통의 토대로서 기능하는 전제조건으로 실체화했다. 그러나 스펙터클의 사회에서는 이 소통성 자체, 이 유적類的 본질(즉, 유적존재Gattungswesen로서의 언어활동)이 자율적 영역으로 분리된다. 이제 소통가능성 자체가 소통을 가로막는다. 인간들은 자신을 이어주는 것에 의해 분리된다. 저널리스트들과 언론통치가들(사적 영역에서는 정신분석가들)은 인간의 언어적 본성의 이런 소외를 설파하는 새로운 성직자가 된다.

실제로 스펙터클의 사회에서 셰키나의 고립은 극단적 단계에 도달했다. 이 단계에서 언어활동은 스스로를 하나의 자율적 영역으로 구성할 뿐만 아니라, 더 이상 어느 것도 계시할 수 없게 된다. 기껏해야 언어활동은 모든 것의 무를 계시한다. 언어활동에는 신, 세계, 계시된 것과 같은 게 전혀 없다. 그러나 이 무화하는 극단적 폭로 속에서 언어활동(인간의 언어적 본성)은 다시 한 번 숨겨지고 분리된 채 머문다. 그리하여 언어활동은 마지막에는 말 없이 어떤 역사적 시대와 국가(스펙터클의 시대 또는 완성된 니힐리즘의 국가)를 향해 스스로를 운명 짓는 권력에 도달한다. 그렇기 때문에 오늘날 어떤 가정된 토대 위에 세워진 권력은 지구 곳곳에서 동요하고 있다. 대지의 왕국들은 하나둘씩 국가형태의 완성인 스펙터클-민주주의 체제를 향해 나아간다. 경제적 필요와 기술 발전 이전에, 대지의 민족들을 하나의 공통운명으로 밀어붙이는 것은 언어적 존재로부터 소외됐다는 사실, 모든 인민이 자신들의 언어 속 삶의 기체에서 축출됐다는 사실이다. 그러나 바로 이런 이유 때문에 [오늘날] 우리가 살아가고 있는 시대는 처음으로 인간들이 각자의 고유한 언어적 본질(이런저런 내용의 언어활동이 아니라 언어활동 **자체**, 이런저런 참된 명제가 아니라 우리가 말한다는 사실 자체)을 경험할 수 있게 된 시대이기도 하다. 현대 정치는 지구 전체에 걸쳐 전통과 신앙, 이데올로기와 종교, 정체성과 공동체를 와해시키고 비우는 이 파괴적인 **언어경험***18)이다.

---

* Experimentum linguae. 언어의 문제를 사유하던 초기 아감벤의 주요 개념 중 하나로서 "언어의 순수한 외재성"에 직면하는 경험을 뜻한다(더 자세한 내용은 '옮긴이 상세 주석 18번'을 참조하라).

이 경험을 끝까지 완수하는 데 성공하는 사람들(계시되는 것이 계시하는 무無 속에서 가려진 채 남아 있게 놔두지 않고, 언어활동을 언어활동 자체로 만드는 사람들)만이 전제조건도 국가도 없는 공동체의 첫 번째 시민이 될 것이다. 그곳에서는 공통적인 것을 무화시키고 운명 짓는 권력이 평정될 것이며, 셰키나가 그 자신을 분리시키는 악의 젖을 그만 빨게 될 것이다. 하가다에 나오는 랍비 아키바처럼 이 공동체의 시민들은 언어활동의 천국에 들어갔다가 무사히 빠져나올 것이다.

톈안먼

『논평』의 석양빛에 비춰볼 때, 세계 정치가 우리 눈앞에 펼쳐놓는 시나리오는 무엇일까? 통합된 스펙터클-국가(혹은 스펙터클-민주주의 국가)는 국가형태의 마지막 진화단계로서 군주제와 공화정, 참주정과 민주정, 인종주의 체제와 진보주의 체제 모두가 이 단계를 향해 황급히 달려들었다. 이 글로벌한 운동이 설사 국민 정체성에 새 생명을 불어넣는다 하더라도, 그것은 사실상 일종의 초국가적 경찰국가를 구성하는 경향이 있다. 그런 국가에서 국제법의 규범은 하나둘씩 암암리에 폐지된다. 오래 전부터 어떤 전쟁도 더 이상 공식적으로 선포되지 않을 뿐 아니라(우리 시대에 모든 전쟁은 내전이 될 것이라던 칼 슈미트의 예언이 이렇게 실현되고 있다), 주권국가의 공개적인 침공은 내부에서 실행되는 재판행위로 묘사될 수 있다. 국민주권의 경계를 개의치 않고 행동하는 데 늘 익숙해 있던 첩보기관들은 그런 조건 속에서 현실정치적 조직과 행위의 모델이 된다. 20세기 역사상 처음으로 가장 거대한 두 세계열강이 두 첩보기관 출신, 즉 조지 H. W. 부시(전 CIA 국장)와 미하일 고르바초프(전 KGB 국장 안드로포프의 사람)에 의해 지휘된다. 부시와 고르바초프가 자신들의 손아귀에 모든 권력을 집중시키면 시킬수록, 이 모든 것은 스펙터클의 새로운 흐름 속에서 민주주의의 승리라며 환호를 받는다. 이 모든 외양에도 불구하고, 이렇게 만들어진 세계의 스펙터클-민주주의 조직은 사실 인류 역사상 유례없는 최악의 참주정이 될 위험이 있다. 그런 참주정에 대한 그 어떤 저항과 반대도 점점 힘들어질 것이다. 그 최악의 참주정이 맡을 임무는 **인간이 거주할 수 있는 세계에서 인류가 생존하도록** 관리하는 것이리라. 그러나 자신의 공헌으로 가동된 이 모든 과정을 계속 통제하려는 스펙터클의 시도가 성공할 것인지는 확실하지 않다. 어쨌든 스펙터클-국가는 모든 국가처럼 (알랭 바디우가 보여줬듯이[19]) 사회적 유대(국가는 그것의 표현일 것이다)가 아니라 해산(국가가 금지하는 바)에 바탕을 둔 국가로 남는다. 결국 국가는 그 어떤 정체성의 요구라도 인정할 수 있다. 심지어 국가 내의 국가적 정체성에 대한 요구조차도 말이다(우리 시대에 국가와 테러리즘이 관계를 맺은 역사가 이 점을 웅변적으로 확증해준다). 그러나 독특성들이 정체성을 요구하지 않고 공동체를 이룬다는 사실, 사람들이 귀속

(이탈리아인, 노동자, 가톨릭신자, 테러리스트 등)으로 재현할 수 있는 어떤 조건 없이 함께-귀속된다는 사실, 바로 이런 것들을 국가는 결코 용납할 수 없다. 하지만 그 내부에 독특성, 그 어떤 사회적 정체성이나 현실적인 귀속조건도 더 이상 그것을 규정할 수 없는 진정한 **임의의** 독특성을 대량으로 만들어내는 것은 바로 이 스펙터클-국가 자체이다. 이 스펙터클-국가가 자체의 내용에서 모든 현실적 정체성을 무화시키고 비워냄으로써, **인민**과 인민의 **일반의지**를 **공중**과 공중의 **의견**으로 대체하는 한 말이다. 확실히 스펙터클의 사회는 모든 사회적 정체성이 와해된 사회이기도 하다. 스펙터클의 사회는 수세기 동안 지상에서 이어진 세대들의 영고성쇠를 구성했던 모든 것이 이제 모든 의미를 상실해버린 사회이다. 전 지구적 프티부르주아지(스펙터클이 계급 없는 사회라는 맑스의 기획을 패러디해 실현시킨 형태)에게 세계사의 희비극 tragicommedia을 표시했던 상이한 정체성들은 판타스마고리적인 공허함 속에 전시되고 모인다.

그렇기 때문에 도래하는 정치에 대해 한 마디 예언을 덧붙여도 된다면 이렇게 말하겠다. 도래하는 정치는 **더 이상 새로운 혹은 옛 사회 주체들에 의한 국가의 정복이나 통제를 위한 싸움이 아니라 국가와 비-국가(인류) 사이의 투쟁이며, 임의의 독특성들과 국가조직 사이의 돌이킬 수 없는 탈구/분리이다.**

이는 국가에 맞서 단순히 사회적인 것을 요구하는 것과는 아무런 상관이 없다. 비록 그것이 오랫동안 우리 시대 항의운동들의 공통된 동기였을지라도 말이다. 스펙터클의 사회에서 임의의 독특성들은 하나의 사회체^{societas}를 이룰 수 없다. 왜냐하면 독특성들은 내세울 수 있을 만한 어떤 정체성도 갖고 있지 않으며, 인정받게 만들 어떤 사회적 유대도 갖고 있지 않기 때문이다. 그래서 국가에 맞서는 투쟁은 그만큼 무자비한 것이다. 왜냐하면 국가는 모든 현실적 내용을 무화시키며, 국가가 보기에 모든 재현적 정체성을 발본적으로 결여한 존재는 (생명의 성스러움과 인권에 대한 모든 공허한 선언에도 불구하고) 그저 비존재일 뿐이기 때문이다.

톈안먼 사건을 더 주의 깊게 바라봤을 때 그 사건에서 끌어낼 수 있을 교훈이 바로 이것이다. 중국의 1989년 5월 시위에서 사실상 가장 인상적인 점은 요구사항의 확실한 내용이 상대적으로 부족했다는 사실이다(민주주의와 자유는 현실적인 투쟁 목표로 삼기에는 너무 일반적인 관념이다. 유일하게 구체적인 요구인 후야오방[20]의 복권은 즉각 수용됐다). 그렇기 때문에 국가의 대응폭력은 더욱더 설명할 수 없어 보인다. 그렇지만 이 불균형은 겉으로 보기에만 그럴 뿐이다. 중국 지도부는 자신들의 관점에서 아주 명석하게 대응했다. 톈안먼에서 국가가 맞닥뜨려야 했던 것은 (톈안먼 광장에 있었던 사람들이 이 점을 실제로 깨닫고 있었는지 없었는지와 무관하게) 재현될 수도 없고 재현되고 싶어 하지도 않으면서 하나의 공동체, 하나의 공통의 삶으로 스스로를 나타내는 그 무엇이었다. 재현할 수 없는 것이 존재하며 그 재현할 수 없는 것이 귀속의 전제나 조건 없이 (게오르크 칸토어의 용어로 표현하면 비정합적 다수성[21]처럼) 하나의 공동체를 이룬다는 사실, 이 사실이야말로 국가가 전혀 타협할 준비가 되어 있지 않은 위협이다. 귀속 자체, 즉 자신이 언어활동-안에-있음을 고유화*하려는 임의의 독특성, 그 때문에 모든 정체성과 귀속조건을 굴절시키는 임의의 독특성이야말로 도래하는 정치의 주체적이지도 사회적으로 정합적이지도 않은 새로운 주인공이다. 이런 독특성들이 평화적으로 자신들의 공통존재를 현시하는 곳에서라면 어디에나 톈안먼이 있을 것이며, [이를 진압하기 위해] 조만간 전차들이 나타날 것이다.

---

* Appropriazione. '자기 것으로 삼다'라는 의미를 지닌 라틴어 아프로프리아레(appropriare)에서 유래한 단어. 어원을 보면 '~에게로'(ad)[app]와 '자기 소유의/본래의/고유한'(proprius)이 합쳐진 단어이다. 이런 사정을 감안해 맥락상 '자기 것으로 삼다'를 뜻할 때는 '전유'로 옮겼지만, 아감벤은 이 단어로 '주체/자아의 동일성이나 고유성을 구성하고 확보한다'를 뜻하기도 한다. 이 경우에는 '고유화'로 옮겼다.

8. 얼굴

살아 있는 모든 존재자는 열림 속에 있고, 겉모습 속에서 스스로를 현시하며 빛을 발한다. 오로지 인간만이 이런 열림을 전유하고, 자신의 겉모습과 현시됨을 붙잡으려 한다. 언어활동은 자연을 **얼굴**로 변형하는 이런 전유이다. 이 때문에 겉모습은 인간에게 하나의 문제, 즉 진리를 위한 투쟁의 장소가 된다.

얼굴은 인간의 돌이킬 수 없는 노출됨이자 이 열림 속에 스스로 은폐된 채로 머묾이기도 하다. 얼굴은 공동체의 유일한 장소, 유일하게 가능한 도시이다. 왜냐하면 각자에게 있어서 정치적인 것을 향해 여는 것은 각자가 항상 이미 빠져 있는 진리의 희비극이며, 각자는 그것의 해결책을 찾아야 하기 때문이다.

얼굴이 노출하고 드러내는/계시하는 것은 의미 있는 이런저런 명제로 정식화될 수 있는 **어떤 것**이 아니며, 영원히 소통 불가능하게 남아 있도록 운명 지어진 비밀도 아니다. 얼굴의 드러냄/계시는 언어활동 자체의 드러냄이다. 그러므로 이런 드러냄은 아무런 실제 내용도 없으며, 정신이나 사실의 이런저런 상태에 관한 진리 또는 인간과 세계의 이런저런 측면에 대한 진리를 말하는 것도 아니다. 이런 드러냄은 그저 열림이며, 그저 소통가능성이다. 얼굴빛 속에서 거닌다는 것은 이 열림**이라는** 것, 이 열림을 겪는다는 것을 뜻한다.

그러므로 얼굴은 무엇보다도 드러냄을 **겪음**passione이자 언어활동을 겪음이다. 자연은 언어활동에 의해 자신이 드러내진다고 느끼는 순간 얼굴을 획득한다. 그리고 자연이 말에 의해 노출되고 폭로된다는 사실, 비밀을 간직할 수 없는데도 그 이면에서 스스로를 은폐한다는 사실은 정숙함 아니면 동요, 뻔뻔함 아니면 부끄러움의 표정으로 얼굴에 드러난다.

얼굴volto은 안면viso과 일치하지 않는다.[1] 노출되기에 이른 어떤 것이 자신의 노출됨을 붙잡으려고 하는 곳이라면 어디든, 겉으로 드러난 존재가 그 겉모습에 빠지고 그것을 해결하려 하는 곳이라면 어디든 얼굴이 있다(그래서 예술은 움직이지 않는 오브제와 정물에도 얼굴을 부여할 수 있다. 안식일 동안 사탄의 똥구멍에 입맞춤을 했다고 심문관에게 기소당한 마녀들은 심지어 거기에도 얼굴이 있다고 대답했다. 그리고 오늘날에는 인류의 맹목적 의지 탓에 사막으로 바뀌어버린 지구 전체가 단 하나의 얼굴이 되고 있다고 할 수 있다).

나는 누군가의 눈을 바라본다. 이 눈은 내리깔리거나(이것은 부끄러움, 즉 이 시선 뒤는 텅 비어 있다는 부끄러움이다), 그렇지 않으면 나를 바라본다. 이 눈은 자신이 텅 비어 있음을 보여주며 뻔뻔하게 나를 바라볼 수도 있다. 마치 자기 뒤에는 이 텅 빔을 알고 있는, [타인이] 꿰뚫어 볼 수 없는 숨은 곳으로 이 텅 빔을 이용하는 또 다른 심연의 눈이 있다는 듯이 말이다. 그렇지 않으면 이 눈은 부끄럼 없이 품위 있고 솔직하게 나를 바라볼 수도 있다. 텅 비어 있는 우리의 시선 속에서 사랑과 말이 일어날 수 있도록 내버려두면서 말이다.

노출은 정치의 장소이다. 동물의 정치라는 것이 존재하지 않는다면, 그 이유는 동물들이 항상 이미 열림 속에 있고, 자신의 노출을 전유하려고 하지 않으며, [스스로] 개의치 않고 노출 속에 머물기 때문이다. 이 때문에 동물들은 거울에, 이미지로서의 이미지에 관심을 보이지 않는다. 반대로 인간은 스스로를 재인再認하고 싶어 하기 때문에, 즉 자신의 겉모습 자체를 전유하고 싶어 하기 때문에 이미지를 사물과 분리해 이름을 붙인다. 이렇게 인간은 열림을 하나의 세계로, 그러니까 어떤 병영도 없는 정치투쟁의 장으로 변형시킨다. 진리를 대상으로 삼는 이 투쟁은 역사^{Storia}라고 불린다.

포르노그래피 사진에서는 피사체가 계산된 전략에 따라 렌즈를 쳐다보고, 그럼으로써 자신이 시선에 노출됨을 의식하고 있음을 보여주는 경우가 더 자주 발견된다. 이런 예기치 못한 몸짓은 그런 이미지의 소비에 암묵적으로 존재하는 허구(보는 자는 들키지 않고 배우들을 놀랜다는 허구)를 강력히 부인한다. 배우들은 시선을 의식적으로 부추기면서 보는 자가 자신의 눈을 바라보게 만든다. 이 순간 인간의 얼굴이 지닌 비실체적인 본성이 갑자기 백일하에 드러난다. 배우들이 렌즈를 쳐다본다는 사실은 **그들이 가장假裝하고 있는 중임을 보여준다**는 뜻이다. 하지만 역설적이게도 배우들은 [스스로] 위조를 [하고 있음을] 보여주는 한 더 진실하게 보인다. 오늘날에는 똑같은 절차가 광고에서도 사용되고 있다. 이미지는 그 허구성을 공개적으로 보여줄 때 더 설득력 있게 보인다는 것이다. 위 두 경우에서 보는 자는 원하지 않게 얼굴의 본질, 즉 진리의 구조 그 자체를 명확히 건드리는 어떤 것과 마주치게 된다.

얼굴은 은폐되는 한에서만 드러내며, 드러내는 한에서만 은폐된다는 사실을 우리는 겉모습의 희비극이라고 부른다. 이런 식으로, 얼굴을 현시해야 하는 겉모습은 인간에게는 얼굴을 배신하는 동시에 그 안에서 스스로를 재인할 수 없는 겉모양이 된다. 정확히 말하면 얼굴은 진리의 장소라는 바로 그 이유 때문에, 직접적으로 가장의 장소이자 환원불가능한 비고유성의 장소이기도 하다. 이것은 겉모습이 실제로는 그렇지 않은 것을 그렇게 보이게 만듦으로써 그것이 드러내는 바를 숨긴다는 뜻이 아니다. 오히려 실제로 인간이라는 것은 겉모습 속에 숨기, 겉모습 속에서 느끼는 불안과 다르지 않다. 왜냐하면 인간은 어떤 본질·본성·종적 운명도 아니고 또 그런 것을 갖고 있지도 않기 때문이며, 인간의 조건은 가장 공허하고도 비실체적인 것, 즉 진리이기 때문이다. 인간에게 있어서 은폐된 채로 머무는 것은 겉모습 뒤의 어떤 것이 아니라 나타난다는 사실 자체, 그것이 얼굴과 다르지 않다는 사실이다. 이 겉모습 자체를 겉모습으로 끌고 가는 것이 정치의 과제이다.

진리, 얼굴, 노출은 오늘날 지구적 내전의 대상이다. 그 전쟁터는 사회적 삶 전체이고, 그 돌격대원은 **미디어들**이며, 그 희생자는 지구상의 모든 인민이다. 정치인들·미디어 통치가들·광고업자들은 얼굴, 그리고 이 얼굴이 여는 공동체의 비실체적 성격을 이해했다. 그들은 얼굴을 어떤 대가를 치러서라도 확고히 통제해야 할 비참한 비밀로 변형시킨다. 오늘날 국가권력은 더 이상 정당한 폭력 사용의 독점(각 국가가 국제연합이나 테러리스트 조직 같은 여타 비주권적 조직과 점점 더 기꺼이 공유하고 있는 독점)에 기반을 둔 것이 아니라, 무엇보다도 겉모습(의견^{doxa})에 대한 통제에 기반하고 있다. 정치가 자율적 영역으로 구성되는 것은 스펙터클의 세계에서 얼굴이 분리되는 것과 한 짝을 이룬다. 스펙터클의 세계에서는 인간의 소통이 그 자체에서 분리된다. 이렇게 노출은 이미지들과 **미디어들**을 통해 축적된 하나의 가치로 변모한다. 새로운 관료계급은 이 노출에 대한 권리를 질투 어린 눈빛으로 지켜본다.

인간들이 어떤 것을 항상 그리고 유일하게 소통해야 했다면, 엄밀히 말해 정치란 없을 것이다. 오로지 교환과 갈등, 신호와 응답만 있을 것이다. 하지만 인간들은 무엇보다 순수한 소통 가능성(즉, 언어활동)을 소통해야 하기 때문에, 정치는 인간의 얼굴이 그 자체로 출현하는 소통적 공허로서 떠오른다. 정치가들과 미디어 통치가들은 이 텅 빈 공간을 확실하게 통제하려고 애쓴다. 그것의 고유화할 수 없음을 보장해주는 영역 속에 텅 빈 공간을 떼어놓으면서 소통성 자체가 백일하에 드러나는 것을 방해하면서 말이다. 이것은 칼 맑스의 분석이 다음의 사실로 보충되어야 한다는 뜻이다. 자본주의(혹은 뭐라고 부르든 간에 오늘날 세계사를 지배하고 있는 과정)는 생산활동을 수용할 뿐만 아니라 무엇보다도 언어활동 자체를, 인간의 소통적 본성 자체를 소외시키는 방향으로 간다는 사실 말이다.

순수한 소통가능성일 뿐인 한, 인간의 얼굴은 모두 가장 고귀하고 아름다울지라도 항상 심연 위에 아슬아슬하게 매달려 있다. 바로 이런 이유 때문에 가장 우아하고 품위 있는 얼굴이 때로는 갑자기 망가지는 듯 보이며, 그 얼굴을 위협하는 무정형의 바탕이 출현하게 놔둔다. 하지만 이런 무형의 바탕은 열림 자체, 소통가능성 자체와 다르지 않다. 열림과 소통가능성은 자신에 대해 사물로서 전제되는 것이니 말이다. 자신의 소통가능성의 심연을 감수하고 두려움이나 자기만족 없이 그 심연을 노출하는 데 성공하는 얼굴만이 무사할 수 있다.

그러므로 각자의 얼굴은 하나의 표현으로 축소되고, 하나의 캐릭터로 굳어지며, 이런 식으로 나아가 자신에게 빠져든다. 자기 자신은 오로지 소통가능성일 뿐이지 자신이 표현해야 할 것은 아무것도 없음을 깨달을 때, 그래서 자신의 무언의 정체성으로 조용히 물러날 때의 얼굴 찌푸림이 곧 캐릭터이다. 캐릭터란 인간이 말 속에서 구축하는 과묵함이다. 그러나 여기에서 우리가 포착해야 하는 것은 비은폐, 순수한 가시성, 즉 오로지 안면[표정]뿐이다. 얼굴은 안면을 초월하는 어떤 것이 아니다. 얼굴은 자신의 벌거벗음 속에서 안면을 노출하는 것이며, 캐릭터에 대해 거두는 승리, [즉] 말^{parola}이다.

인간은 얼굴이고 오로지 얼굴이어야만 한다. 그렇기 때문에 인간에게 모든 것은 고유한 것^{proprio}과 비고유한 것^{improprio}, 참과 거짓, 가능한 것과 현실적인 것으로 나뉜다. 인간을 현시하는 모든 겉모습은 인간에게 비고유하고 작위적인 것이 된다. 그리고 인간을 현시하는 모든 겉모습은 인간으로 하여금 진리를 **고유한 것으로 만드는** 과제에 직면하게 만든다. 그러나 진리는 그 자체로 우리가 고유화할 수 있는 것이 아니다. 진리는 겉모습이나 비고유한 것과 비교해 다른 대상을 갖지도 않는다. 진리는 겉모습과 비고유한 것의 포착이자, 그것들의 노출과 다르지 않다. 반대로 근대의 전체주의 정치는 총체적인 자기전유에 대한 의지이다. 그곳에서 (선진 산업민주주의에서처럼) 비고유한 것은 위조와 소비에 대한 억제할 수 없는 의지 속에서 자기 자신의 지배를 도처에 부과한다. 그게 아니라면 (전체주의적이라고 불리는 국가에서처럼) 고유한 것은 자신에게서 모든 비고유한 것을 배제하기를 열망한다. 어느 경우가 됐든지 간에, 얼굴을 그로테스크하게 모조하는 가운데 진정으로 인간일 수 있는 유일한 가능성은 사라진다. 비고유성을 그 자체로 고유화할 수 있는 가능성, 자신의 **고유하고** 단순한 비고유성을 얼굴에 노출할 수 있는 가능성, 얼굴빛 속에서 어렴풋이 거닐 수 있는 가능성이 사라져버리는 것이다.

인간의 얼굴은 자신의 구조 자체에서 자신을 구성하는 이중성을, 다시 말해서 고유한 것과 비고유한 것, 소통과 소통가능성, 역량[잠재태]과 행위[현실태]의 이중성을 재생산한다. 얼굴은 능동적인 표현적 특질이 도드라지는 수동적 바탕으로 이뤄진다. 프란츠 로젠츠바이크는 이렇게 적고 있다.

> 두 개의 삼각형이 [서로 역방향으로] 포개진 형태의 별이 자신의 요소들과 그 요소들이 하나의 길로 응집하는 모습을 반영하듯이, 얼굴의 기관들도 두 층위로 나뉜다. 얼굴이 생명을 얻는 지점은 (수동적이든 능동적이든) 바깥세계와의 접촉이 일어나는 바로 그 지점이기 때문이다. 바탕 층위는 수용기관에 따라 배열된다. 이는 이른바 얼굴을 구성하는 주춧돌로서 이마와 뺨이 여기에 해당된다. 뺨에는 귀가, 이마에는 코가 속한다. 귀와 코는 순수한 수용기관이다. …… 얼굴 전체를 지배하는 지점인 이마의 중심과 두 뺨의 가운뎃점들로 이뤄진 이 첫 번째 삼각형 위에 이제 두 번째 삼각형이 펼쳐진다. 이 두 번째 삼각형은 첫 번째 삼각형의 경직된 용모에 활기를 불어넣는 표현놀이를 하는 기관, 즉 눈과 입으로 이뤄져 있다.[2]

광고와 포르노그래피(소비사회)에서 전면에 나서는 것은 눈과 입이다. 이와 달리 전체주의 국가(관료제)에서는 수동적 바탕이 지배적이다(사무실에서 독재자가 보여주는 무표정한 이미지). 그러나 [오늘날의 스펙터클-민주주의 체제에서는] 이런 두 수준 사이의 상호작용만이 얼굴의 생명을 구성한다.

라틴어에는 '하나'를 뜻하는 인도-유럽어의 어근에서 파생된 단어가 두 개 있다. 하나는 유사성을 뜻하는 시밀리스^{similis}이고, 다른 하나는 '동시에'를 뜻하는 시뮬^{simul}이다. 따라서 '유사성'^{similitudo} 옆에는 함께-있다^{simultas}는 사실이 있다(또한 이로부터 '경쟁'^{rivalità}, '적의'^{inimicizia}가 나온다). 그리고 '비슷하다'^{similare} 옆에는 복사/모방하다^{simulare}가 있다(또한 이로부터 '꾸미다'^{fingere}, '흉내내다'^{simulare}가 나온다).

얼굴은 진리를 숨기거나 가리는 어떤 것이라는 의미에서 모상^{simulacro}이 아니다. 얼굴은 시뮬타스^{simultas}, 즉 그것을 구성하는 여러 안면이 함께-있음이다. 그 안면들 중 어떤 것도 다른 것보다 더 참된 것이 아니다. 얼굴의 진리를 파악한다는 것은 **유사성**이 아니라 안면들의 **동시성**을 포착한다는 것, 즉 안면들을 한데 묶고 결합하는 염려스런 역량을 포착한다는 것이다. 그래서 신의 얼굴은 인간 얼굴들의 시뮬타스이다. 단테 알리기에리가 천국의 '생생한 빛' 속에서 봤던 '우리의 초상'처럼.

내 얼굴은 나의 **바깥**이다. 즉, 내 모든 고유성과 관련해, 고유한 것과 공통된 것, 내적인 것과 외적인 것과 관련해 비차이의 지점이다. 얼굴에서 나는 내 모든 고유성과 더불어 존재한다(갈색 머리칼에 키가 크고 창백한 얼굴에, 자부심으로 가득 차 있고, 감정적이며……). 하지만 이 가운데 어떤 것도 나를 식별해주거나 나에게 본질적으로 속하지 않는다. 얼굴은 모든 양태와 성질을 탈-고유화하고 탈-정체화하는 문턱이다. 그 문턱에서만 모든 양태와 성질은 순전히 소통가능해진다. 그리고 내가 얼굴을 찾는 곳에서만 **바깥**이 나에게 도래하며, 나는 외부성과 마주치게 된다.

오로지 당신의 얼굴이 되어라. 문턱으로 가라. 당신의 고유성이나 능력의 주체로 머물지 말라. 그것들 아래 안주하지도 말라. 오히려 그것들과 함께, 그것들 속에서, 그것들을 넘어서 가라. [문턱을 향해, 도취상태에서.]*

---

* "Vers le seuil, en extase." 프랑스어판에는 있으나 이탈리아어판에서는 삭제된 구절.

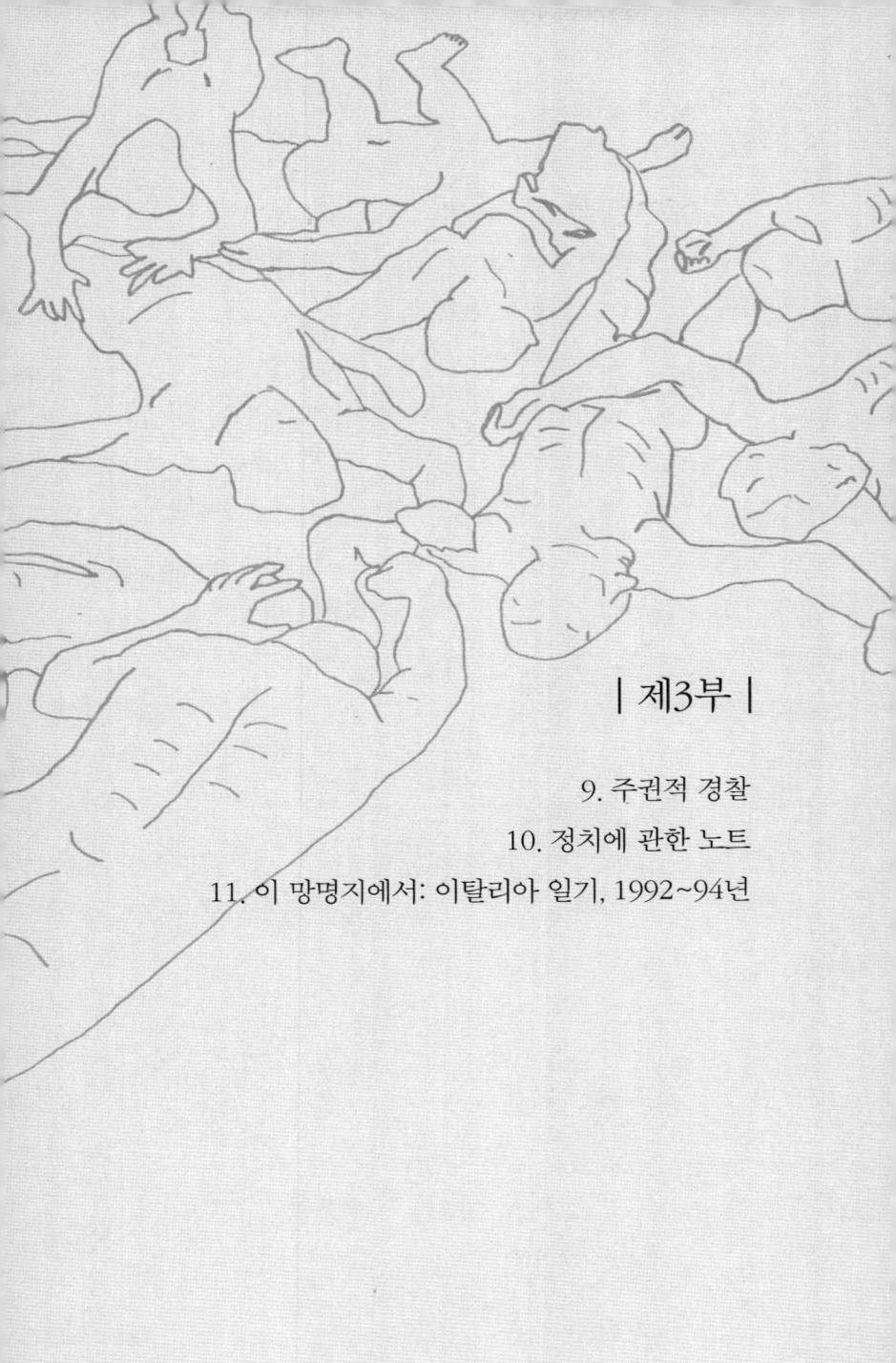

| 제3부 |

9. 주권적 경찰
10. 정치에 관한 노트
11. 이 망명지에서: 이탈리아 일기, 1992~94년

Mezzi senza fine

9. 주권적 경찰

걸프 전쟁[1991년]의 가장 분명한 교훈 중 하나는 주권이 경찰[치안]의 형상 속에 완전히 진입했다는 것이다. 특별히 파괴적인 전쟁법$^{ius\ belli}$을 행사하고는 그 행위를 '치안작전'이라는 일견 초라한 차림으로 위장한 그 후안무치함은 냉소적인 위선으로 간주되어서는 안 된다(정말로 분개한 몇몇 비평가들은 이렇게 생각했다). 아마도 이번 전쟁의 가장 **스펙터클한** 성격은 전쟁을 정당화하기 위해 제시된 이유들을 마치 어떤 숨겨진 계획을 은폐하기로 되어 있는 이데올로기적 상부구조처럼 무시할 수 없다는 데 있을 것이다. 오히려 그동안 이데올로기가 너무도 깊숙이 현실에 침투했기에 표명된(특히 신세계질서라는 이념과 관련된) 이유들은 엄밀하게 문자 그대로 받아들여져야만 했다. 하지만 이것은 갑자기 나타난 법학자들이나 기만적인 변호론자들이 믿게 만들려고 애쓰는 것처럼, 걸프 전쟁 때문에 국가주권이 초국가적 조직을 위해 자신을 낮추고 경찰 노릇을 했으니 국가주권에 유익한 제한이 가해졌다는 뜻이 아니다.

사실 경찰은 일반적인 의견과는 반대로 단순히 법을 집행하는 행정 기능인 것만이 아니라, 어쩌면 주권자의 형상을 특징짓는 폭력과 법의 인접성 또는 거의 구성적인 교환이 가장 명쾌하게 벌거벗겨진 채로 드러나는 장소일 것이다. 고대 로마 관습에 따르면, 그 누구든 어떤 이유로도 통치권imperium을 쥔 집정관과 그의 최측근이며 (사형선고를 집행할 때 사용하는) 희생집행용 도끼를 지닌 릭토르lictor 사이에 끼어들 수 없었다. 이 근접성은 우연이 아니다. 사실 주권자가 예외상태를 공포하고 법의 효력을 중단시킴으로써 폭력과 법의 비구분 지점을 표시하는 자라고 한다면, 경찰은 항상 그런 '예외상태'에서 움직인다. 경찰이 매 사례마다 결정을 내릴 때 제시하는 '공공질서'와 '안전'이라는 이유는 폭력과 법 사이의 비구분 지대를 이룬다. 이 지대는 주권에서의 비구분 지대와 완전히 대칭을 이룬다. 발터 벤야민은 옳게도 이렇게 지적했다.

> 경찰의 강제력이 갖는 목적들이 여타 법의 목적들과 언제나 동일하거나, 아니면 그것들과 결부되어 있다는 주장은 전혀 진실이 아니다. 오히려 경찰의 '권리'[법]는 근본적으로 국가가 무력해서든 아니면 각각의 법질서의 내재적 맥락 때문에서든 자신이 어떤 대가를 치르고서라도 도달하기를 원하는 자신의 경험적 목적들을 더 이상은 법질서를 통해 보증할 수 없는 지점을 가리킨다.[1]

언제나 경찰을 특징짓는 무기의 과시가 여기에서 유래한다. 여기에서 가장 결정적인 것은 법을 위반하는 자들에 대한 위협이 아니라(사실 무기의 과시는 가장 평화로운 공적 장소에서, 특히 공적인 기념식 동안에 이뤄진다), 집정관과 릭토르의 물리적 인접성이 증언해주는 주권적 폭력의 노출인 것이다.

주권과 경찰 기능의 이 당혹스러운 근접성은 고대 사회의 질서에서 주권자의 형상과 사형집행인의 형상을 연결해주는 범접할 수 없는 성스러움이라는 성격에서 표현된다. 이 근접성은 (어느 편년사가가 보고한) 우연한 사건에서만큼 분명하게 드러난 적도 없을 것이다. 1418년 7월 14일, 개선凱旋의 무리를 이끌고 파리에 막 들어섰던 부르고뉴 공작2)은 그때까지 자신을 위해 지치지도 않고 일했던 사형집행인 코클뤼슈와 길거리에서 만나게 된다. 이때 피범벅이 된 사형집행인이 주권자에게 다가가 손을 붙잡고 이렇게 외친다. "매형Mon beau frère!"

그러므로 주권이 경찰의 형상 속에 진입했다는 것은 전혀 안심할 만한 일이 못 된다. 제3제국을 연구하는 역사가들을 끊임없이 놀라게 만들었던 사실, 즉 유대인 말살이 처음부터 끝까지 치안작전으로 구상됐다는 사실이 그 증거이다. 알다시피 나치의 인종학살이 주권기관에 의해 결정됐음을 입증하는 자료는 단 하나도 찾아볼 수 없다. 이 인종학살의 결정과 관련해 입수할 수 있는 유일한 자료는 1942년 1월 20일 중하급 경찰 간부들이 반제 호수 인근에 모여 개최한 회의의 속기록밖에 없다. 이 경찰 간부들 중 우리 눈에 띄는 사람은 게슈타포 B-4분과의 책임자 아돌프 아이히만 정도이다. 유대인 말살이 그토록 질서정연하고 잔혹하게 진행될 수 있었던 까닭은 그것이 치안작전으로 구상되고 실행됐기 때문이다. 반대로 그것은 '치안작전'이었기 때문에 오늘날 민간인의 눈에는 더욱더 야만적이고 굴욕적인 것으로 비친다.

그러나 주권자를 경찰관으로 서임한다는 것은 또 다른 부수적 결과를 낳는다. 상대방을 어쩔 수 없이 범죄자로 만들 수밖에 없다는 결과를 말이다. 칼 슈미트는 "동류同類는 동류에 대해 재판권을 갖지 않는다"par in parem non habet jurisdictionem라는, 유럽 공법에 있는 원칙이 적국의 주권자를 범죄자로 판정할 수 있다는 것과 어떻게 모순되는지를 보여줬다.3) 전쟁 선포는 이 원칙의 중단을 함의하지도 않고, 자기편과 동일한 평등성을 인정하는 적과의 전쟁이 명확한 규칙(그중 하나는 민간인과 군대의 뚜렷한 구별이다)에 따라 전개되도록 보증하는 협정들의 중단도 함의하지 않는다. 오히려 제1차 세계대전이 끝날 무렵부터 우리가 볼 수 있었던 것은 우선 적이 민간인으로부터 배제되고 범죄자로 낙인찍히는 과정이었다. 그 이후에야 '치안작전'을 통해 적을 말살하는 것이 적법해진다. 이런 작전은 어떤 법적 규칙에도 종속되지 않는다. 전쟁의 가장 오래된 조건으로 역행함에 따라서 민간인과 병사, 인민과 그의 주권자(로서의 범죄자)가 혼동된다. 이처럼 주권이 경찰법이라는 가장 애매한 지대로 서서히 미끄러져 들어가는 것에는, 우리가 지적해두는 편이 좋을 긍정적 측면이 적어도 하나는 있다. 적을 범죄자로 만드는 데 엄청난 열의를 기울였던 국가의 수장들이 생각하지도 못한 것은 이 범죄자 만들기가 언제든 자신들에게도 되돌아올 수 있다는 것이다. **이런 의미에서 오늘날 지구상에는 잠재적으로 범죄자가 아닌 국가의 수장이 단 한 사람도 없다.** 오늘날 주권이라는 슬픈 **법의**法衣를 입고 있는 자는 누구든, 동료들로부터 언젠가는 범죄자로 취급되는 차례가 올지도 모른다는 것을 알고 있다. 우리는 이것을 애석해하지 않으리라. 왜냐하면 경찰관과 사형집행인의 복장을 하기로 기꺼이 동의한 주권자는 마침내 오늘날 범죄자와의 원초적인 인접성을 보여주기 때문이다.

10. 정치에 관한 노트

1. 소련 공산당이 몰락하고 민주주의-자본주의 국가가 전 지구에 걸쳐 공공연히 군림하게 되면서, 우리 시대에 걸맞은 정치철학의 부활을 가로막았던 두 개의 주요 이데올로기적 장애물(한편으로 스탈린주의, 다른 한편으로 진보주의와 법치국가)이 사라졌다. 그리하여 사유는 오늘날 어떤 환영도, 어떤 가능한 알리바이도 없이 자신의 과제와 처음으로 마주하게 된다. 우리 눈앞 도처에서 지상의 왕국들(공화정과 군주정, 참주정과 민주정, 연방과 국민국가)을 통합된 스펙터클의 국가(기 드보르)로, 혹은 '자본-의회주의'(알랭 바디우)[1]로 차례차례 이끄는 '대변환'이 완수되고 있다. 이 대변환은 국가-형태의 마지막 단계이다. 제1차 산업혁명의 대변환이 구체제의 사회적·정치적 구조와 공법의 범주를 파괴해버렸던 것과 마찬가지로 주권, 법/권리, 국민/민족, 인민, 민주주의, 일반의지 같은 용어도 그 개념이 지시하던 것과 이제 더 이상은 아무런 관계도 없는 현실을 함축하고 있다. 그리고 이런 용어를 여전히 무비판적으로 사용

하는 사람은 문자 그대로 자신이 무엇에 관해 말하고 있는지를 알지 못하는 것이다. 여론과 합의는 일반의지와 아무런 관계가 없다. 그리고 오늘날 전쟁을 추진하는 '국제경찰'은 유럽 공법jus publicum Europaeum의 주권과도 아무런 관계가 없다. 현대 정치란 지구상에서 제도와 신앙, 이데올로기와 종교, 정체성과 공동체를 와해시키고, 그 의미를 비워내며, 결국 완전히 무화된 형태로 그것들을 다시 제안하는 파괴적 실험이다.

2. 하지만 도래하는 사유는 역사의 종언에 대한 헤겔-코제브적(그리고 맑스적) 테마와 존재사의 종언인 생기生起2)에 진입했다는 마르틴 하이데거의 테마를 진지하게 다루려고 애써야 할 것이다. 이 문제와 관련해 오늘날 국가의 종언 없이 역사의 종언을 생각하는 자들(동질적인 하나의 보편국가에서 인류의 역사적 과정이 완수됐다고 주장하는 포스트-코제브적 혹은 포스트모던적 이론가들)과 역사의 종언 없이 국가의 종언을 생각하는 자들(다양한 출신의 진보주의자들)로 진영이 나뉘어 있다. 이 두 입장 모두 그들의 과제 앞에서 나자빠진다. 왜냐하면 역사적 목적telos의 완수 없이 국가의 소멸을 생각하는 것은 국가주권의 텅 빈 형식이 영속할 수 있는 역사의 완수를 생각하는 것만큼이나 불가능하기 때문이다. 첫 번째 테제가 무한한 전이 속에서도 끈질기게 살아남는 국가형태를 앞에 두고 완전히 무능력함을 보여주는 것과 마찬가지로, 두 번째 테제는 (국민적, 종교적,

종족적 유형의) 역사적 심급들의 항상 더 격렬한 저항에 부딪친다. 하지만 이 두 입장은 역사 이후의 소명을 지닌 기술적-법적 기관의 보호 아래 전통적인(즉, 역사적 유형의) 국가 심급들을 증식시킴으로써 완벽하게 공생할 수 있다.

오로지 국가의 종언과 역사의 종언을 **동시에** 생각할 수 있고, 그것들을 서로 반대되게 동원할 수 있는 사유만이 그 과제를 감당할 수 있다. 바로 이것이 후기 하이데거가 비록 불충분한 방식이기는 했지만 생기, 즉 궁극적 사건이라는 이념을 가지고 하고자 했던 것이다. 이 궁극적 사건 속에서는 역사화 원리의 은폐된-채로-있음 자체, 즉 역사성 자체가 역사적 운명歷運으로부터 고유화되어 해방된다. 일련의 시대와 역사적 운명 속에서 인간의 본성을 탈고유화하는 것이 역사인 이상, 여기에서 문제가 되는 역사적 목적의 완수와 고유화란 인류의 역사적 과정이 단순히 (하나의 보편적이고 동질적인 국가에게 그 관리를 맡길 수 있다는) 최종 질서 속에서 구성되고 있음을 뜻하지는 않는다. 오히려 그것은 대대로 일종의 전제로 작용하며 여러 상이한 시대나 역사적 문화 속에서 살아온 인간의 운명을 결정했던 아나키한 역사성을 오늘날 **그 자체로서** 사유해야만 한다는 뜻이다. 요컨대 이제 인간은 자신이 역사적이라는 점을, 즉 자신의 비고유성 자체를 고유화해야 한다. 비고유한 것(언어활동)의 고유한 것(자연)으로의 생성은 [헤겔적인] 인정^{Anerkennung}의 변증법으로는 정식화할 수도, 인지할 수도 없다. 왜냐하면 바로 그런 한에 있어서 그것은 고유한 것(자연)의 비고유한 것(언어활동)으로의 생성이기도 하기 때문이다.

그러므로 역사성을 고유화하는 것이 여전히 국가적 형태의 모습을 띨 수는 없다(국가는 역사적 아르케^{archē}가 은폐된-채로-있는 전제이자 표상에 다름 아니다). 이런 고유화는 아직 전적으로 사유해야 할 것으로 남아 있는 **국가적이지도, 법적이지도 않은** 인간의 삶과 정치에 그 장^{場}을 열어놓고 있어야만 한다.

3. 우리의 정치적 전통의 핵심에 놓인 **주권**과 **제헌권력**이라는 개념을 버리든가, 아니면 적어도 처음부터 다시 사유해야 한다. 이 두 개념은 폭력과 법, 자연과 **로고스**, 고유한 것과 비고유한 것이 서로 차이나지 않는 지점을 표시한다. 그런 식으로 이 두 개념은 법질서나 국가의 한 속성이나 기관이 아니라 그것들의 원초적 구조 자체를 가리킨다. 주권이란 폭력과 법, 살아 있는 것과 언어활동 사이에 결정불가능한 연결이 있다는 관념이다. 이 연결은 반드시 예외상태에 대한 결정(칼 슈미트)이나 추방^{bando}(장-뤽 낭시)3)이라는 역설적 형태를 띤다. 그 형태 속에서 법(언어활동)은 살아 있는 것으로부터 **물러섬으로써**, 살아 있는 것을 자신에게 고유한 폭력과 비-관계 속에 **추방[유기]**$^{ab-bandonandolo}$함으로써 살아 있는 것과의 관계를 유지한다. 성스러운 삶, 즉 예외상태 속에서 법에 의해 전제되고 추방되는 삶은 주권의 무언의 담지자, 진정한 **주권적 주체**이다.

이런 식으로 주권은 폭력과 법, 자연과 언어활동 사이의 결정불가능한 문턱이 명확하게 밝혀지는 것을 방해하는 수호자이다. 우리는 이와 달리 '정의'의 여신상이 앞을 볼 수 없다는 사실(몽테스키외가 지적하듯이, 예외상태가 포고되는 순간 이 여신상의 눈은 베일로 가려져야 했다[4]), 그리고 (오늘날 모두에게 명확하듯이) **예외상태가 규칙**이라는 사실, 벌거벗은 생명이 즉각적으로 주권의 연결의 담지자이며, 그 자체로 벌거벗은 생명은 오늘날 익명적이고 일상적인 특성을 띠는 만큼 더 효과적인 폭력에 유기되어 있다는 사실에서 눈을 떼서는 안 된다.

만일 오늘날 사회적 역량이라는 것이 존재한다면, 그 역량은 자신의 무능력의 끝까지 가봐야 한다. 그리고 법을 상정하고 유지하려는 모든 의지에서 이탈함으로써 주권을 구성하는 폭력과 법의 연결, 살아 있는 것과 언어활동의 연결을 도처에서 분쇄해야만 한다.

4. 국가가 쇠퇴해도 그 텅 빈 껍데기는 주권과 지배의 순수한 구조마냥 도처에 남아 있고, 반대로 사회 전체는 웰빙만을 추구하는 소비·생산의 사회라는 형태로 돌이킬 수 없는 길을 걷고 있다. 슈미트 같은 정치주권 이론가들은 여기에서 정치의 종언을 알리는 가장 확실한 징표를 봤다. 그리고 실제로 지구 전체의 소비자 대중은 (그들이 단순히 오래된 종족적·종교적 이상으로 다시 퇴보하지 않을 때에도) 폴리스^{polis}의 어떤 새로운 형상

을 알아볼 수 있게 내버려두지 않는다.

그렇지만 새로운 정치가 맞닥뜨려야 하는 문제는 바로 다음과 같다. 현세의 삶을 완전히 향유하는 것만을 추구하는 **정치**공동체가 가능한가? 그러나 잘 들여다보면 이것이야말로 철학의 목표가 아니던가? 그리고 근대 정치사상이 파도바의 마르실리우스[5]와 함께 태동했을 때, 그의 사유는 바로 '충족한 삶'과 잘 살기bene vivere라는 아베로에스주의적 개념을 정치의 목적으로 다시 취함으로써 정의된 것이 아니던가? 발터 벤야민도 「신학적·정치적 단편」에서 "세속적인 것의 질서는 행복이라는 관념으로 향해야만 한다"[6]는 사실을 전혀 의심하지 않았다. '행복한 삶'(그것은 사실 존재론과 분리되어서는 안 되는데, 왜냐하면 "존재—우리는 살아 있다는 것 외에는 그것을 경험하지 않기" 때문이다[7])이라는 개념을 정의하는 일은 도래하는 사유가 해결해야 할 중대한 과제 중 하나로 남아 있다.

정치철학의 기초가 되는 '행복한 삶'이란 더 이상 주권이 자신의 고유한 주체를 만들기 위해서 전제하는 벌거벗은 생명일 수 없으며, 우리가 오늘날 신성화하려고 헛되이 시도하는 근대 과학과 생명정치에서 말하는 외부의 영향을 받지 않는 불가입적 외부성일 수도 없다. 반대로 '행복한 삶'이란 '충족한 삶,' 절대적으로 세속적인 삶이며, 삶 자체의 고유한 역량을 완성하고, 그것의 고유한 소통가능성을 완성하는 데 도달한 삶이다. 이 삶에는 주권도 법도 그 어떤 영향을 미칠 수 없다.

5. 새로운 정치적 경험이 구성되는 내재성의 평면은 스펙터클한 국가에 의해 현행화된, 언어활동의 극단적 수용이다. 사실 구체제에서 인간의 소통적 본질을 외화外化하는 작업은 공통 토대로 기능하는 하나의 전제(민족, 언어, 종교……) 속에서 실체화되지만, 현대 국가에서는 바로 이 소통성 자체, 이 유적인 본질 자체(즉, 언어활동)가 생산회로의 중요한 요인이 되는 한에서만 자율적인 영역으로 구성된다. 이처럼 소통을 방해하는 것은 소통가능성 자체이며, 사람들은 자신들을 이어주는 것에 의해 분리된다.

그렇지만 이 사실은 우리의 언어적 본성 자체가 이런 식으로 우리에게 거꾸로 되돌아온다는 것을 뜻하기도 한다. 이런 이유로('공통적인 것'의 가능성 자체가 수용되기 때문에) 스펙터클의 폭력은 너무도 파괴적이다. 그러나 똑같은 이유로 스펙터클은 스펙터클에 반대되도록 쓰일 수 있는 긍정적인 가능성 같은 것을 포함한다. 실제로 우리가 살고 있는 시대는 인간이 자신의 언어적 본질 자체(이런저런 내용의 언어활동이나 이런저런 참된 명제가 아니라, **우리가 말한다는 사실 자체**)를 처음으로 경험할 수 있게 된 시대이다.

6. 여기에서 문제가 되는 경험은 어떤 객관적 내용도 담고 있지 않다. 이 경험은 어떤 사물의 상태나 역사적 상황에 대한 명제로 정식화될 수 없다. 이 경험은 언어활동의 **상태**와는 아무

런 관계가 없으며, 언어활동의 **사건**과 관계가 있다. 다시 말해서 이 경험은 이런저런 문법과 관련 있는 것이 아니라 이른바 **말한다는 사실**factum loquendi 자체와 관련 있다. 하지만 이 경험은 사유의 물질 혹은 사유의 역량과 관련된 실험(베네딕트 데 스피노자의 용어로 말하면, 지성의 역량 또는 자유의 실험)으로 구축되어야만 한다.

이 실험에서 관건이 되는 것은 인간의 운명과 종적 목적으로서의 소통이나 정치의 논리적-초월론적 조건으로서의 소통이 전혀 아니라(사이비 의사소통 철학자들은 그렇게 말한다), 유적 존재만이 할 수 있는 물질적 경험(가령 낭시가 말하는 '공현'*의 경험이나 맑스의 용어로 말하자면 **일반지성**General Intellect의 경험)에 다름 아니다. 이 실험에서 따라 나오는 첫 번째 결론은 모든 윤리와 모든 정치를 마비시키는 목적과 수단 사이의 거짓 양자택일을 뒤집어엎어야 한다는 것이다. 사실 수단 없는 목적성(그 자체가 목적인 선이나 미)은 어떤 목적과 관련해서만 의미를 갖는 매개성만큼이나 [인간의 소통적 본질을] 외화한다. 정치적 경험에서 문제가 되는 것은 보다 고차적인 목적이 아니라, 순수한 매개성으로서의 언어활동-안에-있음, 인간들의 환원불가능한 조건**으로서의 수단-안에-있음이다. **정치란 매개**

---

* Comparution. 원래 이 개념은 정의(재판) 앞에 산출하는 것, 즉 '출두하다'(comparaître)를 뜻한다. 존재가 공존재로서 세계라는 의미의 장으로 공통적으로(co-) 소환되어 출현하다(apparaître)라는 함의가 있다.

성을 드러내 보이는 것, 수단 그 자체를 눈에 보이게 만드는 것이다. 이것은 목적 자체의 영역도 아니고 어떤 목적에 종속된 수단들의 영역도 아닌, 인간 사유와 행위의 장으로서의 목적 없는 순수 매개성의 영역이다.

7. **언어경험**의 두 번째 결론은, 우리가 고유화와 탈고유화 같은 개념을 넘어서 오히려 **자유로운 사용**^{uso libero}의 가능성과 양상을 사유해야 한다는 사실이다. 실천과 정치적 성찰은 오늘날 고유한 것과 비고유한 것 사이의 변증법 속에서 서로 배타적으로 움직인다. 이런 변증법에서는, 비고유한 것이 (산업화된 민주주의에서 일어나고 있는 것처럼) 위조와 소비에 대한 억제할 수 없는 의지를 통해 자기 자신의 지배를 도처에 부과하려 하거나, 통합주의 국가나 전체주의 국가에서 일어나고 있는 것처럼 고유한 것이 자신에게서 모든 비고유성을 제거하려 하거나 한다. 반대로 만일 우리가 고유한 것과 비고유한 것이 차이 나지 않는 지점, 다시 말해서 고유화와 탈고유화라는 용어로는 결코 포착되지 않고 오로지 **사용** 같은 용어로만 포착될 수 있는 무언가를 **공통적인 것**^{comune}(혹은 다른 이들이 제안하듯이 **평등한 것**^{uguale})이라고 부른다면, 이제 중요한 정치적 문제는 다음과 같은 것이 된다. "어떻게 **공통적인 것**을 사용할 것인가?

** 프랑스어판에는 '조건'이 아니라 '유적(générique) 조건'이라고 되어 있다.

(하이데거가 자신의 궁극적인 개념을 고유화나 탈고유화가 아니라 탈고유화의 고유화8)라는 식으로 정식화했을 때 염두에 뒀던 것이 이런 것이었으리라).

이처럼 언어활동이라는 사건을 경험하는 장소·양태·의미를 공통적인 것의 자유로운 사용으로서, 그리고 [이와 동시에] 순수한 수단의 영역으로서 분절하는 데 성공해야만 정치사상의 새로운 범주들(무위의 공동체,9) 공현, 평등, 충실성,10) 대중지성,11) 도래할 인민,12) 임의의 독특성)은 우리가 직면한 정치 문제를 표현해줄 수 있게 될 것이다.

11. 이 망명지에서
이탈리아 일기, 1992~94년

사람들은 말한다. 수용소에서 되돌아온, 그리고 되돌아오고 있는 생존자들은 말할 것이 아무것도 없다고. 사람들은 말한다. 그들의 증언이 진정할수록 그들은 자신이 겪었던 것을 전하지 못하게 된다고. 마치 그들에게 닥친 현실을 가장 먼저 의심한 사람은 그들 본인이라는 것처럼. 혹여나 악몽을 현실의 사건으로 착각하고 있는 것은 아닌가라고. 그들은 아우슈비츠나 오마르스카*에서 자신들이 "인간에 대해 더 현명하거나 더 깊이 있거나, 혹은 최고는 아니더라도 더 인간적이거나 호의적"이지 않게 됐다는 것을 알고 있었고, 알고 있다. 오히려 그들은 벌거벗겨진 채, 비워진 채, 방향을 잃은 채 [수용소에서] 나왔다. 그

---

* Omarska. 구유고(보스니아 헤르체고비아) 북동부에 위치한 마을로, 1992년 세르비아 세력이 이곳에 수용소를 설치하면서 유명해졌다. 조직적인 학살과 강간이 '민족정화/인종청소'를 위해 행해졌는데, 국제적인 비난이 높아지면서 같은 해 말 폐쇄됐다. 현재 책임자를 시작으로 한 잔학행위의 용의자들이 국제 법정에 기소되어 있는 상태이다.

리고 그들은 수용소에 대해 말하고 싶어 하지 않았다. 당연히 차이야 있겠지만, 우리 역시 어떤 의미에서는 이처럼 실제의 증언을 미심쩍어 하곤 한다. 최근 몇 년간 우리가 겪은 그 어떤 일도 우리로 하여금 그 일에 대해 말할 수 있도록 허락해주지 않는 것 같으니 말이다.

공적인 것과 사적인 것의 구분이 의미를 잃을 때마다 [사람들은] 자기 자신의 말을 의심하게 된다. 수용소 거주민들은 실제로 무슨 일을 겪었는가? (가령 워털루 전투에 참가한 병사가 겪은 것 같은) 역사적-정치적 사건인가, 엄격히 사적인 경험인가? 둘 중 어느 것도 아니다. 아우슈비츠의 유대인이나 오마르스카의 보스니아계 여성은 정치적 선택 때문이 아니라 지극히 사적이고 소통불가능한 것, 즉 피와 생물학적 신체를 가졌기 때문에 수용소에 들어갔던 것이다. 그러나 이제 이것들은 결정적인 정치적 기준으로 쓰인다. 이런 뜻에서 수용소는 실로 근대성이 개시된 장소이다. 수용소는 공적인 사건과 사적인 사건, 정치적 삶과 생물학적 생명을 엄밀히 구분할 수 없게 된 첫 번째 공간이다. 정치공동체로부터 절단되고, 벌거벗은 생명으로(더욱이 '살 가치가 없는' 생명으로) 환원됐기에, 사실 수용소 거주민들은 절대적으로 사적인[모든 공적 속성을 빼앗긴] 사람이다. 하지만 단 한순간도 이들은 사적 공간에서 피난처를 찾을 수 없다. 수용소에서만 느낄 수 있는 특정한 불안을 만들어낸 것은 바로 이 [공적인 것과 사적인 것의] 식별불가능성이다.

프란츠 카프카가 처음으로 정확하게 묘사해낸 이후로 이런 종류의 특수한 장소는 우리에게 완전히 친숙해져버렸다. 특히 요제프 K의 이야기가 너무나도 우려스러운 동시에 우스꽝스러웠던 것은 무엇보다 공적인 사건(소송)이 거꾸로 절대적으로 사적인 사실로 묘사됐기 때문이다(재판정이 침실에 붙어 있다). 바로 이 점이 『소송』을 예언서로 만들어준다. 비단 수용소와 관련해서만 그런 것은 아니다. 1980년대 이탈리아에서 우리는 무엇을 겪었는가? 열광에 빠진 고독한 사적 이야기? 아니면 폭발할 만큼의 사건들을 짊어진 이탈리아와 지구 역사의 결정적 순간? 마치 최근 몇 년간 우리가 경험한 모든 것이 불투명한 비非차이의 지대에 빠진 것만 같다. 그 안에서는 모든 것이 혼동되고 알 수 없게 되어버린다. 예를 들어 탄젠토폴리* 사건은 공적인 사건이었나 사적인 사건이었나? 고백하건데 나는 잘 모르겠다. 그리고 만일 테러리즘이 최근 정치사에서 정말로 중요한 계기였다면, 어떻게 그것은 회개·죄책감·전향 같이 몇몇 개인의 내면적인 이야기를 통해서만 우리의 의식에 흘러들어올 수 있었는가? 이렇게 공적인 것이 사적인 것에로 미끄

---

* Tangentopoli. '뇌물로 얽힌 일당'(bribesville)을 뜻하는 이탈리아어로서 1980~90년대 초 이탈리아 정치계를 지배한 부패체제를 지칭한다. 1992년 안토니오 피에트로(Antonio Di Pietro, 1950~) 검사가 이 부패체제의 한 축인 이탈리아사회당의 경리국장 마리오 키에사(Mario Chiesa, 1938~)를 체포하며 시작된 '깨끗한 손'(Mani pulite)[부패추방운동]을 통해 와해됐다.

러져 들어가는 것은 사적인 것의 스펙터클한 공공성에 상응한다. 가령 인기 여배우의 유방암이나 아이르통 세나[1])의 죽음은 공적인 사건인가 개인적인 사건인가? 공적이지 않은 요소라곤 눈곱만치도 없는 포르노 스타의 몸을 어떻게 만질 수 있는가? 오늘날 우리가 출발해야 할 지점은 인간 경험의 행위들이 헐값에 팔아넘겨진 바로 이 비차이의 지대이다. 또한 만일 우리가 이 불투명한 식별불가능성의 지대를 수용소라고 부른다면, 우리는 여전히 수용소에서부터 다시 시작해야 한다.

    상황이 한계점에 도달했네, 사태가 이제 관용할 수 없는 지경이 됐네, 변화가 필요하네 같은 말이 여기저기에서 계속 반복해 들리곤 한다. 그러나 특히 그런 말을 반복하는 것은, 결국 사실상 아무것도 바뀌지 않을 방식으로 변화를 이끌고자 하는 정치가들과 신문들이다. 대다수 이탈리아인들은 관용할 수 없는 것을 잠자코 바라보고 있는 듯하다. 마치 대형 텔레비전 화면 앞에서 꼼짝 않고 그런 장면을 염탐하듯이. 하지만 오늘날 이탈리아에서 진정 참을 수 없는 것은 무엇인가? 그것은 분명, 그리고 무엇보다 인민 전체가 자기 자신의 운명 앞에서 아무런 말없이 가만히 있는 이 침묵이다. 잘 기억해두라. 당신이 말할라치면 당신은 어떤 전통에도 기댈 수 없을 것이며 자유, 진보, 법치국가, 민주주의, 인권 같이 듣기 좋은 어떤 말도 써먹을 수 없다는 것을. 심지어 당신은 이탈리아 문화나 유럽 정신을 대표하는 사람의 신임장도 내세울 수 없을 것이다. 당신은 거기에서 빠져나오려고 아무것도 하지 않은 채, 관용할 수 없는 것을 묘사하려고 애써야 할 것이다. 이 설명할 수 없는 침묵을 충실히 지켜라. 당신은 침묵 안에 내재하는 수단을 통해서만 이런 침묵의 참을 수 없는 성격에 대해 대답할 수 있을 테니.

결코 어떤 시대도 이처럼 모든 것을 참는 동시에 모든 것을 관용할 수 없는 것으로 생각할 채비가 되어 있던 적이 없다. 어떤 문제건 자신들의 의견을 표현할 때마다 '관용할 수 없는'이라는 말을 입에 달고 있는 사람들은 삼킬 수 없는 것을 매일 꿀떡꿀떡 삼켜대는 자들이다. 그러나 어떤 문제에 대해 위험을 무릅쓴 채 정의를 내려야 하고, 바로 그 관용할 수 없는 것이란 것이 '인간 신체에 대한 고문과 토막살인'임을 알게 된다면, 결국 우리는 나머지 거의 모든 것에 대해 참을 수 있게 된다.

이탈리아인들이 침묵하는 이유 중 하나는 분명 미디어의 소란 때문이다. 모든 것이 시작되자마자, (당시까지 체제에 동의하는 주요 조직자였던) 언론과 텔레비전은 바로 그 체제에 맞서 만장일치로 들고 일어섰다. 이런 식으로 언론과 텔레비전은 문자 그대로 사람들 입에 재갈을 물렸고, 천천히 그리고 힘겹게 되찾은 말들 역시 후속 효과를 만들어낼 수 없었다.

(그리 비밀인 것도 아니지만) 우리가 살고 있는 민주주의-스펙터클 사회의 법칙들 중 하나는 권력이 심각한 위기에 처할 때마다 미디어 통치는 자신이 그 일부로 통합된 체제로부터 겉보기로는 떨어져 나온다는 것이다. 물론 이는 [체제를 향한] 항

의가 혁명으로 번지지 않도록 통제하고 감독하기 위해서이다. 티미쇼아라에서처럼 항상 사건을 위장할 필요는 없다. (지난 몇 달간 많은 언론이 한 것처럼 혁명은 이미 일어났다고 선언하면서) 사실뿐만 아니라 시민들의 느낌까지도 예견해 신문 전면에 터뜨리기만 하면 된다. 시민들의 느낌이 몸짓과 담론이 되어 [사람들간의 일상적인] 대화나 의견교환을 통해 유통되고 확대되기 전에 말이다. 나는 베티노 크락시*에 대한 기소허가가 나오지 않은 다음날, 체제를 지지하던 거대 일간지 전면에 대문짝만하게 '수치'VERGOGNA라는 단어가 적혀 있는 것을 보고 내 자신이 얼마나 무력감을 느꼈는지 기억한다. 말하려던 단어가 신문 전면에 항시 준비되어 있음을 아침마다 발견하는 것은 마음 놓이는 동시에 좌절을 느끼게 만드는 독특한 효과를 낳는다. 이 마음 놓이는 좌절(즉, 자기 고유의 표현능력을 수용당한 자가 체험하는 느낌)은 오늘날 이탈리아의 지배적 정념이다.

우리 이탈리아인들은 오늘날 정당성의 완전한 부재라는 조건 속에서 살고 있다. 확실히 오랫동안 국민국가의 정당화는 도

---

* Bettino Craxi(1934~2000). 이탈리아사회당 대표(1976~93)이자 수상을 역임(1983~87)했던 거물 정치인. 탄젠토폴리의 핵심 중 하나로, 검찰은 베티노 크락시를 기소하려고 의회에 면책특권 정지승인을 요청했는데, 1993년 4월 29일 의회는 이 요청을 승인하지 않았다. 곧 대규모 항의운동이 시작됐고, 결국 8월 5일 크락시의 면책특권이 정지되어 재판이 열렸다. 그러나 1심(1994년)과 2심(1996년)의 유죄판결이 최종심(1998년)에서 무죄판결로 뒤집혔고, 크락시는 망명지였던 튀니지에서 사망했다.

처에서 위기를 겪었다. 그 위기의 가장 분명한 징후는 정당성에서 잃은 것을 유례없는 규범의 증식을 통해 합법성에서 만회하겠다는 강박적 시도에서 나타난다. 그러나 그 어디에서도 [국민국가의] 쇠퇴가 우리가 살아가는 데 익숙해져버린 극단적 한계까지 도달한 적이 없다. 지금 자기 자신의 흠결이나 비열함을 까발리지 않는 당국이나 공권력은 존재하지 않는다. 법조계는 이 몰락에서 빠지는데, 그 유일한 까닭이란 마치 실수로 희극이 되어버린 그리스 비극의 에리뉘에스들처럼 법조계가 오직 처벌과 복수의 심급으로만 작용하기 때문이다.

하지만 그렇다고 또 다시 이탈리아가 1970년대처럼 특권화된 정치의 실험실이 되어가고 있는 것도 아니다. [1970년대 당시] 전 세계의 행정부와 정보기관은 신임을 잃은 체제에 다시 정당성을 부여하는 메커니즘으로 어떻게 하면 잘 계획된 테러리즘을 사용할 수 있을지를 세심한 참여 속에서 검토한 바 있다(최소한도로 말해서 그렇지, 사실 그들은 이런 경험에 적극적으로 협력했다). 이제 그때와 똑같은 눈은 어떻게 하면 제헌된 권력potere costituito이 제헌권력potere costituente을 거치지 않고 새로운 헌법/구성을 향한 이행을 주재할 수 있을지 호기심 어린 눈빛으로 바라보고 있다. 자연스레 우리는 환자가 살지 못할 수도 있는 까다로운 실험을 다루고 있다(그리고 환자가 죽는 것이 꼭 최악의 결과인 것은 아닐지도 모른다).

1980년대에는 음모 운운하면 음모론이라고 비난받았다. 오늘날에는 공화국 수장인 바로 그 사람이 헌법과 공공질서에 맞서 음모를 꾀했고, 지금도 음모를 꾸미고 있다며 국가의 첩보기관을 온 국민 앞에서 공개적으로 비난한다.* 이 비난은 하나의 세부사항과 관련해서만 부정확하다. 몇몇 사람이 이미 어김없이 지적했듯이, 우리 시대의 모든 음모는 사실 제정된 질서를 **위한** 것이다. 그리고 그런 엄청난 고발은 오로지 파렴치함과 짝을 이룬다. 파렴치하게도 국가의 최고기관은 국가의 첩보기관이 시민들의 생명을 위협하는 공격을 한 바 있음을 인정한다. 이런 공격이 국가의 선을 위해, 국가 공권력의 안전을 위해 행해졌다는 사실을 덧붙이는 것은 잊은 채 말이다.

규모가 큰 민주주의 정당[기독민주당]의 대표가 공포한 진술은 더 이해가 안 되지만, 정말로 뜻하지 않게 예언적이다. 그에 따르면 자신을 고발한 판사들은 지금 그들 스스로에게 맞서 음모를 꾸미는 것이다. 국가-형태의 마지막 진화단계에서 모든 국가기관과 기구는 자기 자신에 맞서, 여타의 모든 기관과 기구에 맞서 무자비할 만큼 통제불가능한 음모에 가담한다.

오늘날 우리는 정치가들(특히 [이탈리아] 공화국의 대통령)과 언론인들이 '국가의 감각'이 위기에 빠졌다는 가정과 관련해 시민들에게 경고하는 소리를 자주 듣게 된다. 옛날 사람들

---

* 1심이 진행 중인 당시 크락시는 정의가 언제나 늦게 달렸던 나라에서 자신의 경우에는 지나치게 빨리 달리고 있다고 말하며 자신이 기소된 배후에는 정치적 동기가 있다는 '음모설'을 제기한 바 있다.

은 오히려 '국가이성'에 대해 말하곤 했다. 조반니 보테로는 국가이성을 "인민에 대한 지배를 확립, 유지, 발전시키기에 적합한 수단에 대한 관념"2)이라고 충실하게 정의했다. **이성**에서 **감각**으로의, 합리적인 것에서 비합리적인 것으로의 이런 미끄러짐 뒤에 숨겨져 있는 것은 무엇인가? 오늘날 '국가이성'에 대해 말하는 것은 단순히 꼴사나운 것일 수 있기에, 권력은 어디에 위치하는지도 제대로 모르는 '감각,' 구체제의 영예감을 떠오르게 만드는 감각 속에서 마지막 구원의 가능성을 찾는다. 그러나 이성을 잃은 국가는 감각도 잃었다. 눈멀고 귀먹은 국가는 자기와 더불어 자기의 신민臣民들 역시 몰락시킬 것이라는 사실은 아랑곳없이 종말을 향해 더듬거리며 나아가고 있다.

이탈리아인들은 무엇을 뉘우쳐야 하는가?* 붉은여단과 마피아의 일원들이 처음으로 뉘우친 이래로 우리는 확신에 차서

---

* 여기서 아감벤은 1970년대부터 시작되어 1990년대까지 이어진 '회개 열풍'(pentitismo)을 지칭하고 있다. '변절자,' '뉘우친 사람'을 뜻하는 이탈리아어 펜티토(pentito)에서 유래한 이 말은 조직범죄나 테러단체의 옛 일원으로서 수사 당국에 협력하는 대가로 사면이나 감형을 받으려고 자신이 속한 단체의 비밀이나 기밀정보를 폭로한 사람들을 지칭한다. 이른바 '납의 시대'(Anni di piombo)로 일컬어지는 1970~80년대에 수사 당국은 이들을 일컬어 '정의의 협력자들'(collaboratori di giustizia)이라고 부르기도 했다. 그러나 이 내부 고발자들이 정적을 제거하거나 사면·감형을 위해 거짓을 꾸미는 경우도 자주 있어서 큰 논란을 불러왔다. 아감벤이 이 책을 헌사한 기 드보르 역시 『스펙터클의 사회에 관한 논평』에서, 수사 당국이 주도한 이 회개 열풍의 '스펙터클한' 측면을 분석한 바 있다. Guy Debord, *Comment-aires sur la société du spectacle*, Paris: Gallimard, 1992, §9, 28.

매서운 표정을 짓고, 동요하면서도 결연한 모습을 한 얼굴들의 끝없는 행렬을 목도했다. 마피아의 얼굴은 사람들이 못 알아보게 그림자 처리되어 나타나곤 했고, 우리는 마치 불이 붙은 떨기나무로부터 나오는 듯한 '목소리만' 들을 수 있었다.** 오늘날 양심은 그림자에서 새어나오는 이 나직한 목소리로 호소한다. 마치 우리 시대에는 뉘우치는 것 말고는 다른 윤리적 경험이 없다는 듯 말이다. 하지만 바로 여기서 우리 시대의 비일관성이 드러난다. 왜냐하면 회개는 도덕 범주 중 가장 의심스러운 것이며, 게다가 진정한 윤리 개념에 들어가는지의 여부도 불확실하기 때문이다. 우리는 베네딕트 데 스피노자가 『윤리학』에서 회개에 어떤 시민권도 주지 않는 단호한 제스처를 보여줬음을 알고 있다. 스피노자가 적은 바에 따르면, 회개하는 자는 두 번 비열하다. 회개할 짓을 했기 때문에 한 차례 비열하고, 회개했기 때문에 두 차례 비열하다.3) 그러나 이미 12세기에 회개가 도덕과 가톨릭 교리에 강력하게 침투했을 때 그것은 곧 하나의 문제처럼 보였다. 사실, 회개의 진정성을 어떻게 입증할 수 있단 말인가? 여기에서 진영은 곧장 둘로 나뉜다. 피에르 아벨라르 같이 가슴의 통회만 요구했던 자들. 반대로 회개라는 알 수 없는 내적 태도보다는 애매모호하지 않은 외적

** 하나님의 심부름꾼이 자기 모습을 보이지 않은 채 떨기나무에 붙은 불꽃으로 모세에게 나타나는 장면을 인용한 듯하다(「출애굽기」, 3장 1~3절).

행위의 완수를 중요시했던 '회개론자들.' 질문은 통째로 악순환에 갇혀버렸다. 그 고리 안에서 외적 행위는 회개의 진정성을 증명해줘야 했고, 내적 통회는 그런 작업의 신실함을 보증해줘야 했다. 똑같은 논리에 따라 오늘날의 소송에서도 동료를 고발하는 것은 회개의 진실성을 보장해주고, 내밀한 회개는 그 고발의 진정성을 보증해준다.

게다가 회개가 법정에서 끝나는 것도 우연이 아니다. 진리는 처음부터 도덕과 법의 애매한 타협으로 나타나는 것이다. 회개를 통해 세속 권력과 모호한 방식으로 타협했던 종교는 회개와 형벌, 범죄와 죄악*을 등가等價로 다룸으로써 그 타협을 정당화하는 데 도달하지는 못하더라도, 그렇게 하기 위해 애쓴다. 그러나 오늘날 윤리-종교적 범주와 법적 개념을 극도로 혼동하는 것만큼 모든 윤리적 경험의 불가피한 몰락을 더 명백하게 보여주는 징표도 없다. 도덕에 대해 말하는 곳에서 오늘날의 사람들은 법적 범주만 입에 달고 있고, 법이나 소송을 다루는 곳에서는 반대로 윤리적 개념을 릭토르의 도끼처럼 사용한다.

속인들은 진지하게 회개가 법규와 법률에 들어오는 것을 (이론의 여지없는 양심적 행위인 양) 서둘러 떠받들었는데, 그런 진지함이야말로 더욱더 무책임한 것이다. 왜냐하면 진정성 없는 신념에 의해 거짓 개념에 따라 자신의 모든 내적 경험을 연기

---

* 범죄(delitto)가 법적 개념이라면 죄악(peccato)은 종교적 개념이다.

할 수밖에 없는 자는 진정 불행할지라도, 어쩌면 그 사람에게는 아직 희망이 있기 때문이다. 그러나 도덕주의자의 옷을 차려입은 미디어 통치가들과 텔레비전에 나오는 **지도적 사상가들**은 거짓 회개자의 불행 위에 자신들의 현학적 승리를 세우는바, 그런 자들에게는 정말이지 아무런 희망도 없다.

나폴리 거리의 '연옥의 영혼들.' 어제 나는 트리부날리 거리 근처에서 커다란 연옥의 영혼들을 봤다. 거의 모든 입상의 팔이 잘려 있었다. 입상들은 땅바닥에 누워 있어서 더 이상 기도하는 제스처를 취하며 서 있지도 못했다.** 불길보다 더 끔찍한 고문의 쓸모없는 상징들인 양.

이탈리아인들은 무엇을 수치스러워하는가? 공적 토론에서나 길거리·카페의 말다툼에서나, 어조가 올라가기만 하면 흔히 "수치스럽지도 않소!"라는 표현이 매번 결정적인 논거를 포함하거나 한 듯 때맞춰 쏟아져 나오는 것을 보면 놀랍기 그지없다. 확실히 수치는 회개의 전조이며, 오늘날 이탈리아에서 회개는 이기는 패이다. 그러나 다른 사람에게 면박을 준 사람들 중 그 누구도 상대가 갑자기 얼굴을 붉히며 잘못을 실토하리라고 기대하지 않는다. 상대가 그렇게 하지 않을 것이 뻔하다. 그러나 모두가 참여하는 이 이상한 게임에서는 그 정식을 사용하는

** [프랑스어 번역자 주] 나폴리 거리에서 우리는 불길 속에 있는 연옥의 영혼들을 표현하는 흙으로 구워 만든 소형 입상들이 놓여 있는 작은 진열대를 볼 수 있다. 그것들은 아직도 열렬한 숭배의 대상이다.

데 처음으로 성공한 사람이 자기편에 진리를 두는 것 같다. 회개가 이탈리아인들과 선의 관계를 특징짓는다면, 수치는 이탈리아인들과 진리의 관계를 지배한다. 회개가 유일한 윤리적 경험이기에, 이탈리아인들은 수치 말고는 참과의 다른 어떤 관계도 맺지 못한다. 그러나 수치를 느꼈어야 할 자들 뒤에도 남았던 수치, 법의 진리인 양 객관적이고 비인칭적인 것이 되어버린 수치가 문제이다. 결정적인 부분이 회개와 관련된 소송에서, 수치는 확정판결로 넘어갈 수 있게 해주는 유일한 진리이다.

칼 맑스는 여전히 얼마간 수치를 신뢰했다. 수치로 혁명을 할 수는 없다며 반대한 아르놀트 루게4)에게 맑스는 수치란 이미 혁명이라고 답하며, 수치를 "자기에게로 향하는 분노의 일종"5)이라고 정의했다. 그러나 맑스가 말한 것은 '국민적 수치'였다. 그것은 어떤 국민이 다른 국민과 맺는 관계, 가령 독일인과 프랑스인이 서로에게 갖는 수치와 관련 있다. 반대로 프리모 레비6)는 오늘날 '인간이라는 사실에 대한 수치'가 있음을 보여줬다. 어떤 의미에서 모든 인간은 수치로 더럽혀져 있다. 이 수치는 일어나서는 안 됐던 일이 일어난 수용소에 대한 수치였고, 여전히 그렇다. 사람들이 옳게 말했듯이, 이 수치는 우리가 오늘날 너무나 저속한 생각에 직면했을 때, 몇몇 텔레비전 방송에서 진행자의 얼굴과 (미디어의 정치 게임에 유쾌하게 권위를 부여하는) '전문가들'의 자신감 있는 미소를 마주했을 때 느낄 법한 수치이기도 하다. 인간이라는 사실에 이처럼 말없는 수치를 느낀 사람은 자신이 살고 있는 정치권력과 모든 연을 끊었다. 그런 수치가 그의 사유의 자양분이 되며, 그 끝을 거의 예견할 수 없는 혁명과 엑소더스의 시작이 된다.

(사형집행인의 칼이 자신의 살을 파고드는 순간, 요제프 K는 어떤 마지막 번쩍임 속에서 수치가 자신보다 더 오래 남을 것이라는 사실을 깨닫게 된다.7))

돈을 유일한 삶의 이유로 만든 자들이 경제위기라는 꼭두각시를 주기적으로 흔들어대는 파렴치함, **모두를 위해** 희생이 필요하다고 가난한 사람들에게 경고하려고 옷을 간소하게 차려입는 부자들의 파렴치함보다 더 구역질나는 것은 없다. 자신의 모든 예금을 국가에 양도하고 국채와 바꿈으로써 공적 채무의 파산에 어리석게 공모했던 자들의 유순함도 놀랍기는 마찬가지이다. 그들은 눈썹 하나 까딱 않고 권고를 감내하며, 허리띠를 졸라맬 채비를 한다. 하지만 조금이라도 명석한 사람들은 위기가 항상 진행 중임을 안다. 그리고 예외상태가 오늘날 정치권력의 정상적 구조인 것처럼 그 위기가 현 단계 자본주의의 내적 동력원임을 안다. 예외상태가 정치적 권리를 박탈당한 주민의 부분이 더 늘어나 결국 모든 시민이 벌거벗은 생명이 되어야 한다고 요구하는 것처럼, 영구적으로 되어버린 위기는 제3세계 인민들이 항상 더 가난해져야 할 뿐 아니라, 산업사회에서 주변부로 쫓겨나고 일자리를 잃어야 하는 시민들의 비율이 높아져야 한다고 요구한다. 그리고 오늘날 소위 민주주의 국가 가운데 인간의 비참을 대량으로 양산하는 데 완전히 타협하지 않은 국가는 없다.

사랑에서 빠져나온 자들에 대한 처벌은 '심판'의 권력에 넘겨져야 한다. 그들은 서로 심판해야 한다.

바로 이것이 우리 시대에 법이 인간의 삶을 지배한다는 말의 뜻이다. 종교적이고 윤리적인 다른 모든 세력은 힘을 잃었고, 어떤 경우에도 **심판**의 중단이나 거부가 아니라 **형벌**의 면제나 중지로서만 존속한다. 법적 범주들이 이해가능한 어떤 윤리적 내용도 더 이상 반영하지 않는 세계에서 법적 범주들의 무조건적 효력보다 더 암울한 것은 없다. 카프카의 우화에서 법을 지키는 문지기의 태도가 불가사의한 것처럼,8) 법적 범주들의 효력은 정말 의미가 없다. 가장 확실한 문장조차 의심스러운 것*으로 만드는 이런 의미 상실은 크락시의 고백, 또 어제까지 우리를 통치했던 힘 있는 자들의 고백 속에서 백일하에 드러났다. 그 순간에 그들은 아마도 자신과 별반 다를 바 없을 자들에게 권력을 넘겨야 한다. 여기서 죄를 시인하는 것은 곧 모두가 서로 공모하고 있다는 보편적인 호소이다. 모두가 죄를 진 곳에서 심판하기란 기술적으로 불가능하다(최후의 심판을 하는 주님도 저주받을 사람들밖에 없다면 판결하기를 포기할 것이다).

---

* Non liquet. 로마법에서 재판관이 사실관계의 불명확함을 보여주기 위해 사용한 말이다. 이 말이 있으면 재판은 선고에 이르지 못한 채 중지된다.

여기에서 법은 내적 모순을 표현하는 본래의 명령 뒤로 물러난다. 사도 바울의 의도에 따르면, "죄 있는 자가 되어라!"

사람들을 연결하는 힘으로 간주되는 그리스도교적 사랑의 윤리가 결국 쇠퇴했음을 법의 지배보다 더 완벽히 보여주는 것은 없다. 그러나 [여기에서] 드러나는 것은 그리스도 교회가 모든 메시아적 의도를 무조건 추방한다는 사실이기도 하다. 메시아는 종교가 법의 문제와 부딪치게 되는 형상이므로 법과 최종 결판을 지으러 온다. 실제로 유대교, 그리스도교, 이슬람교 시아파의 맥락에서 메시아적 사건은 종교 전통에 고유한 법적 질서의 위기이자 근본적 변혁을 표시한다. 그때까지 유효했던 옛 법(창조의 토라)은 가치를 잃는다. 분명컨대 단순히 옛 법을 내용만 다를 뿐 결국 구조는 예전과 똑같은 계율과 금지를 포함하는 새로운 법으로 대체하는 것은 중요하지 않다. 그로부터 사바타이 체비9)가 "토라를 완수하려면 토라를 위반해야 한다"라고 말하며 표현했던 메시아주의의 역설이 나온다. 예수는 (사도 바울이 말한 것보다 더 간결한) 정식으로 "나는 [법을] 깨뜨리러 온 것이 아니라 [법을] 완수하러 왔다"10)라고 말했다.

법과의 지속적인 타협을 끝내면서 교회는 메시아적 사건을 마비시켰다. 그에 따라 세계가 심판의 권력에게 넘겨졌는데, 교회는 약삭빠르게 죄 사함과 회개를 통한 면죄의 형태로 이 권력을 행사하곤 했다(메시아에게는 면죄가 필요없다. "우리의 빚을 면해주시오. 우리가 우리 채무자들의 빚을 면해줬듯이."11) 이는 법의 메시아적 완수를 예견한 것이나 다름없다). 메시아주의가 근대 정치에 부과한 과제, 즉 (오로지) 법의 형태만을 갖는 것은 아닌 인간공동체를 사유하기는 여전히 그 과제를 떠맡을 정신을 기다리고 있다.

오늘날 '진보적'이라고 자임하는 정당들, 또 소위 '좌파' 연합은 투표가 진행된 대도시 지방 선거에서 승리했다. 선거에서 승리한 자들이 스스로를 주류establishment로 소개하고, 경제·정치·종교 분야의 옛 실세들을 어떻게든 안심시키려고 강박적으로 고심하는 것을 보면 놀라울 지경이다. 이집트의 마믈루크 왕조를 공격했을 때 나폴레옹은 우선 구체제를 떠받치던 명사들을 불러놓고 새로운 군주 아래에서도 그들의 특권과 직무는 변하지 않을 것이라고 알려줬다. 여기에서 관건은 외국에 대한 군사정복이 아니다. 얼마 전까지 공산주의적이라고 불리던 당의 대표라는 자가 리라와 증권이 위험[경제위기]을 잘 버텨왔음을 보이면서 은행가들과 자본가들을 안심시키려고 집착했던 그 열의가 적어도 부적절하다는 것이다. 한 가지는 확실하다. 이 정치인들은 무슨 수를 쓰든 승리하려는 바로 그 의지 때문에 패하게 될 것이다. 주류가 되려는 욕망은 그것이 그들의 선임자들을 패하게 만들었던 것처럼 그들을 패하게 만들 것이다.

....

패배와 불명예를 구별할 줄 아는 것이 중요하다. 1994년 국회의원 선거*에서 우파의 승리는 좌파에게는 패배였다. 하지만 그 패배가 불명예였음을 함의하지는 않는다. 물론 그 패배가 불명예라고 한다면, 오히려 그것은 이미 몇 년 전부터 시작된 퇴화과정이 종결되는 순간으로서 패배가 도래했기 때문이다. 그 패배는 대립된 입장과의 싸움을 마무리한 것이 아니라, 그저 스펙터클·시장·기업의 동일한 이데올로기를 누가 실천할지를 결정해준 것이었기 때문에 불명예가 있었던 것이다. [중산모자를 쓴 채 양심의 가책을 느끼게 된 자본주의가 보다 자유롭고 콤플렉스 없는 자본주의에 패했던 것이다(이 패배는 충분히 예견할 수 있는 일이었다).]** 여기에서 사람들은 스탈린주의 시대에 이미 시작된 배반의 필연적인 결론과 하등 다를 게 없는 사태를 볼 수 있다. 그럴 수 있다. 그렇지만 우리는 1970년대 말부터 시작해서 완수됐던 진화에만 관심이 있다. 왜냐하면 지성의 완전한 부패는 오늘날 진보주의라 불리는 기만적이고 양식을 갖춘 형태에 도달했기 때문이다.

장-클로드 밀네르는 최근에 발표한 책에서 이런 **타협**과정을 완수하는 명분이 된 원리를 분명하게 식별해 '진보주의'라

---

* '깨끗한 손'(132쪽 각주 참조)을 통해 이탈리아 정계가 발칵 뒤집힌 뒤(기존 5대 정당의 와해로 제2차 세계대전 직후 건설된 제1공화국이 종결됐다) 실시된 최초의 총선이다. 1994년 3월 27일 실시된 이 선거를 통해 실비오 베를루스코니(Silvio Berlusconi, 1936~)가 이끄는 전진이탈리아당(Forza Italia)을 중심으로 전후 최초의 우파 정권이 수립됐고, 베를루스코니가 총리를 맡았다. 한편 좌파 세력은 7개 좌파 정당의 연합체였던 진보연합(Alleanza dei Progressisti)이 선거에서 대패함으로써 크게 위축됐다.

** 이탈리아어판에서 삭제된 구절.

고 규정했다.12) 혁명은 자본·권력과 타협해야 하곤 했다. 마치 교회가 근대 세계와 협정을 맺어야 했듯이 말이다. 권력을 향해 나아가는 진보주의의 전략을 이끌던 좌우명이 그런 식으로 조금씩 형태를 갖춰갔다. **모든 것에 양보해야 한다.** 반대파와 모든 것을 화해해야 한다. 지성은 텔레비전·광고와 화해하고, 노동계급은 자본과 화해하며, 언론의 자유는 스펙터클한 국가와 화해하고, 환경은 산업발전과 화해하며, 과학은 의견과 화해하고, 민주주의는 투표기계와 화해하며, 죄의식·개종은 기억·충실성과 화해해야 한다.

우리는 오늘날 이 전략이 어떤 꼴이 됐는지 보고 있다. 좌파는 모든 영역에서 [화해의] 도구와 합의를 마련하는 데 적극적으로 협력해왔다. 정권을 쥐고 있는 우파는 별 어려움 없이 자신들의 목표를 이루기 위해 이 도구와 합의를 적용하고 발전시키기만 하면 됐다. [이탈리아 노조들은 7월 합의를 조인함으로써 노동자 협상을 완전히 무력화시킨 반면, 대학의 자율을 승인한다는 핑계로 대학을 기업의 논리에 맡겨버린 법은 좌파의 의결 덕분에 통과됐다.]*

이것은 노동계급이 나치즘에 넘어가기 이전부터 독일 사회 민주주의에 의해 정신적으로뿐만 아니라 육체적으로도 무장해제됐던 것과 똑같은 방식이다. 선의를 가진 시민들은 가공

---

* 이탈리아어판에서 삭제된 구절.

의 fantasmatici 전면공격을 기다리며 불침번을 서도록 불려나왔지만, 우파는 좌파 스스로 자신들의 노선을 따라 열어놓은 틈으로 이미 빠져나가버렸다.

고전적인 정치에서는 **조에**와 **비오스**, 자연적 생명과 정치적 삶, 집 안에 자신의 장소를 갖는 단순히 살아 있는 존재로서의 인간과 **폴리스** 안에 자신의 장소를 갖는 정치적 주체로서의 인간이 아주 뚜렷하게 구별됐다. 우리는 더 이상 위와 같은 어떤 것도 알지 못한다. 우리는 **조에**와 **비오스**, 살아 있는 존재로서의 생물학적 생명과 우리의 정치적 실존, 소통불가능하고 말 못하는 것과 말할 수 있고 소통가능한 것을 전혀 구별할 수 없다. 예전에 미셸 푸코가 썼던 것처럼, 우리는 우리의 살아 있는 존재로서의 생명 자체가 정치에서 문제가 되는 동물이다. 규칙이 되어버린 예외상태에서 산다는 것은 우리의 사적인 생물학적 신체가 우리의 정치적 신체와 구별할 수 없게 됐고, 한때 정치적이라고 불리던 경험이 갑작스럽게 우리의 생물학적 신체에 제한되며, 사적인 경험이 갑자기 우리 바깥의 정치적 신체로서 나타난다는 것을 의미하게 됐다. 우리는 신체와 장소, 외부와 내부, 말하지 못하는 것과 말할 수 있는 것, 노예적인 것과 자유로운 것, 필요와 욕망의 이런 혼동 속에서 생각하고 글 쓰는 데 익숙해져야 한다. 이 사실이 뜻하는 것은 절대적 무능을 경험하는 것(이 점을 고백하지 못할 이유가 있는가?), 우리가 교제와 말을 기다리던 바로 그곳에서 매번 고독과 말없음에 직면하는 것이다. 우리는 이 무능을 견뎠고 견딜 수 있었지만 예외가 규칙이 된 새로운 지구적 정치공간을 규정하는 **미디어들**의 소란으로 사면초가에 빠지게 됐다. 그러나 바로 이 불확실한 현장, 이 불투명한 비구분의 지대에서 오늘날 우리는 다른 정치, 다른 신체, 다른 말로 이르는 길을 찾아야 한다. 나는 공적인 것과 사적인 것, 생물학적 신체와 정치적 신체, **조에**와 **비오스**의 이런 비구분을 그 어떤 평계로도 포기하지 않을 것이다. 거기에서 나는 나의 공간을 찾아야 한다. 다른 어떤 곳이 아닌 바로 거기에서. 나는 이런 의식에서 출발한 정치에만 관심이 있다.

[1966년 프랑스 남동부의 한 마을인 르 토르에서 헤라클레이토스에 대한 세미나를 기다리며 마르틴 하이데거에게 카프카를 읽었냐고 물어봤던 기억이 난다. 하이데거가 대답하기를, 자신은 아주 조금 읽었을 뿐이며, 특히 자신에게 인상적이었던 것은 단편 「굴」이라고 했다. 그 이야기의 주인공인 이름 없는 동물(두더지, 여우 혹은 인간)은 난공불락의 굴을 파는 데 강박적으로 매달리지만, 거꾸로 그 굴은 점차 출구 없는 덫으로 밝혀진다. 그러나 바로 이것이 서구 국민국가의 정치적 공간에서 일어났던 일이 아닌가? 이 국가들이 구축하고자 전념했던 집(조국)은 결국 거기에 살던 바로 그 '인민'에게 그저 치명적인 덫으로 밝혀졌다.

사실 제1차 세계대전 말부터 유럽의 국민국가들에 할당가능한 역사적 과제가 남아 있지 않음은 명백하다. 20세기의 대규모 전체주의 실험을 단순히 19세기 국민국가, 즉 민족주의와 제국주의의 마지막 과제를 속행한 것으로 간주하면 그런 실험의 본성을 완전히 오해하는 것이다. 문제가 되는 것은 전혀 별개의, 더 극단적인 것이다. 왜냐하면 그것은 그저 단순히 인민들의 인위적인 존재, 결국 그들의 벌거벗은 생명을 과제로서 받아들이는 문제였기 때문이다. 이런 의미에서 우리 세기의 전체주의는 실로 역사의 종언에 대한 헤겔-코제브적 관념의 이면을 구성하게 됐다. 인간은 이제 자신의 역사적 목적지^{telos}에 도달했다. 이제 남은 일이라고는 경제^{oikonomia}의 군림을 무조건 펼치거나, 최고의 정치 과제가 되는 생물학적 생명에 착수함으로써 인간 사회를 탈정치화하는 것밖에 없다. 그러나 가정家庭이 정치적 패러다임이 되자마자(두 경우 모두에서 그렇게 될 것인데) 고유한 것, 즉 존재의 가장 내밀한 현사실성*은 치명적인 덫으로 변환될 위험이 있다. 우리는 오늘날 바로 이 덫 속에서 살고 있다.

『니코마코스 윤리학』의 핵심 구절 중 하나에서 아리스토텔레스는 에르곤^{ergon}, 즉 행위-중인-존재와 인간에게 고유한 작업 같은 것이 있는지 질문한다. 그러고는 인간 자체가 본질적

---

* Faktizität. 마르틴 하이데거를 통해 유명해진 개념. 세상에 '내던져져 있음'(Geworfenheit), 즉 '세계-안에-있음'(In-der-Welt-sein)을 뜻한다. 하이데거에 따르면 이것이야말로 인간의 본질적인 현존조건인데, 인간은 자기 자신의 '내던져져 있음'을 자기 존재의 과제로 떠맡아야 한다고 주장했다.

으로 아르고스^{argōs}, 다시 말해서 일 없는, 무위의^{inoperoso} 존재는 아닌지 묻는다.

피리 연주자와 조각가, 그리고 모든 기술자에 대해서, 또 일반적으로 어떤 작업과 기능을 가진 모든 사람에 대해서, 고유의 선은 그 ergon 안에 있는 것처럼 보인다. 그처럼 인간의 경우에도 ergon 같은 것이 있는 한, 고유의 선은 인간의 작업 안에 있을 것 같아 보인다. 혹은 목수와 제화공은 어떤 작업과 기능을 갖고 있지만 인간은 그런 것이 아무것도 없으며 곧 argōs 하게, 일 없이 태어난다고 해야 할까?[13]

정치는 인류의 본질적인 무위에 상응하는 것, 인간공동체의 근본적인 일-없이-존재함에 상응하는 것이다. 이처럼 인간이 할 일 없는^{argōs} 존재이기 때문에, 어떤 고유한 작업에 의해서도 정의될 수 없기 때문에 정치가 있는 것이다. 다시 말해서 인간은 어떤 동일성/정체성이나 소명으로도 고갈시키는 게 불가능한 순수 잠재성의 존재이다(이것이 인간의 정치적 소명을 가능지성과 연결하는 아베로에스주의의 진정한 정치적 의미이다). 이 아르기아^{argia}, 이 본질적인 무위와 잠재성이 역사적 과제가 되지 않고 받아들여지는 방식, 다시 말해서 정치가 인류의 일-없음을 전시할 뿐만 아니라 모든 과제에 대한 인류의 창조적인 무관심을 전시하고 오직 이런 의미에서 정치가 행복에 전적으로 할당되는 방식, 바로 이것이야말로 벌거벗은 생명에 대한 오이코노미아^{oikonomia}의 전 지구적 지배를 가로지르고 넘어서 도래하는 정치의 주체를 구성한다.]*

E. M. 포스터는 알렉산드리아의 카바피[14]와 대화하던 도중에 그 시인이 자신에게 해준 말을 이야기해준다. "당신 영국인들은 우리를 이해할 수 없습니다. 우리 그리스인들은 오래전에 파산했습니다." [이런 카바피의 말과 관련해] 우리가 아주 적지만, 그나마 확실하게 주장할 수 있는 것은 그 뒤로 유럽의 모든 인민(그리고 어쩌면 이 땅의 모든 인민)이 파산했다는 사실이다. 기욤 아폴리네르가 "나는 왕이 끝난 시대에 살았다"라고 말했던 것처럼, **우리는 인민들이 파산한 이후에 살고 있다.** 각각의 인민은 자기 나름의 파산방식을 가졌는데, 당연히 이 사실은 대수롭지 않은 것이 아니다. 독일인들에게 그것은 히틀러와 아우슈비츠를 의미했고, 스페인인들에게는 내전을 의미했으며, 프랑스인들에게는 비시 정부를 의미했다. 한편 다른 인민들에게는 조용하고 끔찍한 1950년대를 의미했으며, 세르비아인들에게는 오마르스카의 강간을 의미했다. 결국 우리에게 중요한 것은 이 파산이 우리에게 유산으로 물려준 새로운 과제뿐이다. 그 과제를 하나의 과제로 정의하는 것은 어쩌면 더

---

* "1966년 프랑스 남동부의 한 마을인 르 토르에서"(150쪽 두 번째 단락)부터 여기까지는 이탈리아어판에서 추가된 구절이다.

이상 옳지 않을 것이다. 그 과제를 맡을 인민도 더 이상 없으니 말이다. 오늘날이라면 알렉산드리아의 시인은 이렇게 웃으며 말할 것이다. "이제는 적어도 우리는 서로를 이해할 수 있습니다. 당신 역시 파산했으니까요."

옮긴이 상세 주석*

서문
1. 이 책의 프랑스어판은 『호모 사케르』의 이탈리아어판과 거의 시차 없이(후자가 1995년 1월 1일에, 전자가 2월 8일에) 출판됐다. 그런 연유로 『호모 사케르』에 대한 직접적인 언급이 없다. 프랑스어판에는 이 단락이 다음과 같이 되어 있다. "이 모음집의 텍스트들은 각각 상이한 방식으로, 또한 각 텍스트가 생겨난 상황에 따라서 여전히 열려 있는 실험실과 관련 있다. 각 텍스트는 때로는 이 실험실의 원초적 중핵을 앞서 제공하기도 하며, 때로는 그 실험실의 파편이나 단편을 제공하기도 한다. 설령 이하의 텍스트들이 완성된 작업 속에서만 고유의 의미가 발견되게끔 정해져 있다 하더라도, 그 완성된 작업이 이 텍스트들에서 가장 행복한 정식화를 발견할 가능성도 없지 않다."

1. 삶-의-형태
1. 아리스토텔레스, 이창우·김재홍·강상진 옮김, 『니코마코스 윤리학』, 이제이북스, 2006. 특히 1097b22 이하를 참조하라.
2. 아리스토텔레스, 김진성 옮김, 『형이상학』, 이제이북스, 2007. 특히 1050b10 이하를 참조하라.

---

* 여기에서 우리는 가급적 한국어로 된 문헌들을 사용했다. 단, 조르조 아감벤의 저작에 한해서, 또한 원래 표현의 확인이 필요한 경우 등에 한해서는 한국어판과의 대조를 위해 원서의 서지사항을 병기했다.

3. Marsilio da Padova, *Defensor pacis*, 1324, V, II; *The Defensor of Peace*, trans. Alan Gewirth, New York: Harper & Row, 1956, p.15. 이 대목은 아감벤이 이슬람 철학자 아베로에스(Averroes, 1126~1198)에게 받은 영향을 보여준다. 아베로에스는 각자의 행동에 대한 작용인이 된 공통의 '가능지성'을 구상한 바 있다. '가능지성'에 관해서는 다음을 참조하라. Giorgio Agamben, *Stanze: La parola e il fantasma nella cultura occidentale*, Torino: Einaudi, 1979. [윤병언 옮김, 『행간: 우리는 왜 비현실적인 것에 주목해야 하는가』, 자음과모음, 2015.]
4. 토머스 홉스, 진석용 옮김, 『리바이어던』(전2권), 나남출판, 2008. 특히 제2부 17장을 참조하라.
5. "La puissance absolue et perpétuelle [d'une République]." Jean Bodin, *Les six livres de la République*(1576), éd. Marie-Dominique Couzinet, Henri Rochais, Christiane Frémont, Paris: Fayard, 1986, p.179. 정확히 말해서 이것이 '주권'(souveraineté)의 정의이다. [나정원 옮김, 『국가에 관한 6권의 책 1: 국가·권리·주권론』, 아카넷, 2013, 245쪽.]
6. 발터 벤야민, 최성만 옮김, 「역사의 개념에 대하여」, 『역사의 개념에 대하여/폭력비판을 위하여/초현실주의 외』, 도서출판 길, 2008, 336~337쪽.
7. 칼 맑스, 김현 옮김, 『유대인 문제에 관하여』(1843), 책세상, 2015.
8. Georges Bataille, "L'abjection et les formes misérables"(1934), *Œuvres complètes*, t.II, Paris: Gallimard, 1970, pp.217~221.
9. Souveraineté. 흔히 '주권'으로 번역되곤 하는 이 단어는 조르주 바타이유에게 '지고성'(至高性)을 뜻하기도 한다. 지고성은 '사용할 수 없는 부정성'(négativité sans emploi)에서야 그 양상이 나타난다. 이렇게 주인/노예의 변증법이 정지된 무위(無爲) 속에서 나타나는 것이기 때문에 바타이유가 말하는 '수브렌테'는 법권리를 둘러싼 종래의 담론에 고착된 용어로 옮기기가 어렵다. 아감벤이 지적하는 바타이유의 한계에 관해서는 다음을 참조하라. 장-뤽 낭시, 박준상 옮김, 『무위의 공동체』, 인간사랑, 2010.

10. 미셸 푸코, 이규현 옮김, 『성의 역사 1: 지식의 의지』(제3판), 나남출판, 2010. 특히 '생살여탈권'을 둘러싼 논의로 시작하는 제5장을 참조하라. 여기에서 '생명정치(적)'(biopolitique)라는 용어는 '생명권력'(biopouvoir)이라는 용어와 함께 출현한다. 또한 다음을 참조하라. 미셸 푸코, 김상운 옮김, 『"사회를 보호해야 한다": 콜레주드프랑스 강의, 1975~76년』, 도서출판 난장, 2015. '생명정치'와 '생명권력'이라는 두 용어의 관계(혹은 용법 차이)에 대해서는 다음을 참조하라. 김상운, 「옮긴이 후기」, 사토 요시유키, 『신자유주의와 권력: 자기-경영적 주체의 탄생과 소수자-되기』, 후마니타스, 2014.

11. Peter B. Medawar and Jean S. Medawar, "Definition of Life and Other Terms," *Aristotle to Zoos: A Philosophical Dictionary of Biology*, Oxford: Oxford University Press, 1983, pp.66~67.

12. 아리스토텔레스, 유원기 옮김, 『영혼에 대하여』, 궁리, 2001. 특히 429a-b 이하를 참조하라.

13. 발터 벤야민, 최성만 옮김, 「언어 일반과 인간의 언어에 대해」, 『언어 일반과 인간의 언어에 대하여/번역자의 과제 외』, 도서출판 길, 2008, 71~95쪽.

14. 다음을 참조하고 있는 것으로 보인다. Augusto Illuminati, "L'intelletto in generale," *Futuro anteriore*, vol.8, no.3-4, Milano: L'Harmattan, 1995, pp.40~61.

15. 물티투도(Multitudo) 개념은 단테 알리기에리의 『제정론』(*De monarchia*, 1313)만이 아니라 니콜로 마키아벨리의 『로마사 논고』(*Discorsi sopra la prima deca di Tito Livio*, 1531), 홉스의 『시민론』(*De Cive*, 1642), 베네딕트 데 스피노자의 『신학정치론』(*Tractatus Theologico-Politicus*, 1670)과 『정치론』(*Tractatus Politicus*, 1676) 등에도 등장한다. 크리스토퍼 힐에 따르면 16~17세기에 이 용어는 공공연한 정치적 경멸이나 공포를 나타내는 용어들 중에서도 핵심을 차지했다고 한다. Christopher Hill, "The Many-Headed Monster," *Change and Continuity in Seventeenth-Century English*, London: Weidenfeld &

Nicolson, 1974. "정치 영역에서 노골적인 경멸이나 공포를 나타내는 용어에도 그 특유한 역사가 있다. 16~17세기에는 '다중'이 주요 단어였다……. '천민'이나 '하층민'이라는 말이 언급되는 경우도 있지만, 실로 중요한 명사는 '다중'이었으며 게다가 '머리가 여럿 달린'이라는 말로 수의 많음이 강조됐다. 그밖에도 '천한 다중,' '경박한 다중,' '머리가 아홉인 괴물 같은 다중,' '분별 없는 다중'이라는 표현이 있다. 물론 '서민'이라는 표현 역시 언제나 그 수의 많음을 당연시해왔지만, 이 시기에 이처럼 수의 많음을 강조하던 경향은 나중에 '대중'의 발전과 비교해볼 때 중요한 의미가 있다." 레이먼드 윌리엄스, 김성기·유리 옮김, 「대중」, 『키워드』, 민음사, 2010, 292쪽.
16. 단테 알리기에리, 성염 옮김, 『제정론』, 경세원, 2009. 특히 제1권의 3~4절을 참조하라.
17. General Intellect. 칼 맑스의 『정치경제학 비판 요강』(*Grundrisse der Kritik der Politischen Ökonomie*, 1857~58)에 나오는 용어이다(김호균 옮김, 『정치경제학 비판 요강』[2권], 그린비, 2007, 382쪽). 다음의 책도 참조하라. 빠올로 비르노, 김상운 옮김, 『다중: 현대의 삶 형태에 관한 분석을 위하여』, 갈무리, 2004.

2. 인권을 넘어서

1. Hannah Arendt, "We, Refugees," *The Menorah Journal*, vol.31, January, 1943.
2. Arendt, "We Refugees," p.77.
3. Hannah Arendt, *Imperialism*, New York: Mariner Books, 1968, pp. 147~182. 이 책은 『전체주의의 기원』의 제2부를 따로 떼어내 만든 것이다. 따라서 아감벤이 본문에서 『제국주의』의 5장(「국민국가의 몰락과 인권의 종말」)이라고 말한 부분은 『전체주의의 기원』의 9장에 해당한다. Hannah Arendt, *The Origins of Totalitarianism*, New York: Harcourt, Brace, 1951, pp.266~298. [이진우·박미애 옮김, 『전체주의의 기원 1』, 한길사, 2006, 489~542쪽.]

4. Arendt, *The Origins of Totalitarianism*, pp.290~295. 한국어판에는 이 구절이 이렇게 잘못 옮겨져 있다. "인권 개념은 인류라는 것이 존재한다는 가정에 근거를 두고 있는데, 인권을 믿는다고 고백한 사람들이 인간이라는 사실 외에는 모든 다른 자질과 특수한 관계들을 잃어버린 순간, 인권 개념은 파괴됐다"(『전체주의의 기원 1』, 537쪽).
5. 나치는 이미 1930년대 초반부터 직업관리재건법(1933년)과 뉘른베르크법(1935년)의 제정을 통해, 유대인 상점의 불매운동과 폐쇄, 유대인과의 혼인 금지, 공직에서의 유대인 추방 등 유대인에 대한 차별과 박해를 공식적으로 자행하고 있었다. 마침내 1942년 1월 22일 현재의 베를린에 소재한 반제에서 개최된 제3제국 수뇌회의에서, 나치는 전 유럽의 유대인을 동유럽으로 강제 수송해 격리시키고 말살하려는 방안을 채택한다. 이 방안은 나치의 유대인 정책에 있어서 가장 최종적으로 나온 것이며, '말살'이라는 가장 극한적인 방법을 택했다는 의미에서 나치의 유대인 문제에 대한 '궁극의 해결책'(Die Endlösung)이라고 불리게 됐다. 이 '궁극의 해결책'이 시행된 이후로 전 유럽에 위치한 유대인 강제수용소의 작업장과 가스실에서 총 6백여만 명의 유대인들이 학살된 것으로 추정되고 있다. 아감벤은 나치에 의한 이런 유대인 대학살을, 일체적인 정치체로서의 '인민'으로부터 벌거벗은 생명으로서의 인민을 분리해내려는 근대의 '내부 투쟁'에서, 그 투쟁의 최종적인 국면에서 빚어진 결과로 지적하고 있다.
6. Agnes Heller, "Zehn Thesen zum Asylrecht," *Die Zeit*, no.46, November 1992, S.60; "Dieci tesi sul diritto d'asilo," trad. e con commento di Antonio Petrillo, *Luogo Comune*, no.4, 1992.

3. 인민이란 무엇인가?
1. 한나 아렌트, 홍원표 옮김, 『혁명론』, 한길사, 2004, 154쪽.
2. 장 보댕, 나정원 옮김, 「민주제에 관하여」(7장), 『국가에 관한 6권의 책 2: 정체론』, 아카넷, 2013, 139~151쪽.

3. "Dov'è nuda vita, un Popolo dovrà essere." 아감벤의 이 표현은 지크문트 프로이트의 정식, "이드가 있는 곳에 에고도 있을 것이다"(Wo es war soll ich werden)를 염두에 둔 것이다. Sigmund Freud, *Gesammelte Werke*, Bd.15, Hrsg. Anna Freud, et als., Frankfurt am Main: S. Fischer Verlag, 1944, S.86. [임홍빈·홍혜경 옮김, 『새로운 정신분석 강의』, 열린책들, 2004, 115쪽.] 요컨대 우리는 '벌거벗은 생명'이 이드에, '인민'이 에고에 대응하는 것으로 읽을 수 있다. 프로이트의 표현은 에고와 이드 중 어떤 것에 역점을 둘 것인가에 따라 다양하게 번역될 수 있는데, 영어로는 "이드가 있었던 곳에 에고가 있어야 한다"(Where id was, there ego shall be)로 흔히 옮겨지며 에고가 강조된다. 이와 달리 자크 라캉은 이 표현을 "이드[그것]가 있던 곳으로 에고[나]가 이르러야 한다"(Là où c'était dois-je advenir)로 수정해 이드의 우위를 주장했다. Sigmund Freud, *The Standard Edition of the Complete Psychological Works of Sigmund Freud*, vol.22, ed. James Strachey, London: Hogarth Press, 1964, p.80; Jacques Lacan, *Écrits*, Paris: Seuil, 1966, p.864. 한편 아감벤은 뒤에 이어지는 글에서 이 정식을 다시 뒤집고 있는데, 이것은 앞에서 말한 독해의 역사를 참조하면 될 것이다.

4. 수용소란 무엇인가?

1. 한나 아렌트, 이진우·박미애 옮김, 『전체주의의 기원 2』, 한길사, 2006, 218쪽.
2. Vélédrome d'Hiver. 1942년 7월 16~17일 비시 정부에 의해 대대적으로 행해진 검거로 약 1만2천8백 명의 유대인들이 임시로 수용됐던 곳. 이 사건은 '경륜장의 일제검거'(Rafle du Vel'd'Hiv)로도 불린다. 이후 이곳의 유대인들은 파리 근교의 드랑시에 있는 임시수용소로 보내졌는데 대부분 같은 해 9월까지 아우슈비츠로 이송됐고, 거기에서 가스실로 보내졌다. 동계경륜경기장은 전쟁 뒤에 철거됐다.
3. Antonio Machado(1875~1939). 20세기 스페인을 대표하는 시인. 프랑코 체제를 비판했기 때문에 목숨의 위협을 느꼈고, 그 때문에 프랑

스로 탈출하고자 했으나 피렌체를 넘지도 못한 채 콜리우르에서 사망했다. 아감벤은 1939년 2월경 콜리우르에 인접해 있는 아르줄레(Argelès)에 개설된 수용소를 염두에 둔 듯하다. 제2차 세계대전 이전부터 프랑스는 이런 수용소를 (국경을 넘는 사람, 적국인 등을 수용하기 위해서) 많이 개설했다. 특히 프랑스 남부에 많으며 귀르(Gurs)나 노에(Noé)의 것이 널리 알려져 있다. 이런 시설에 수용된 사람들은 제3제국에 의해 프랑스 점령과 더불어 독일로 그대로 인도됐고, 대다수가 폴란드 등의 수용소로 보내져 죽었다.
4. 칼 슈미트, 최재훈 옮김, 『대지의 노모스: 유럽 공법의 국제법』, 민음사, 1995, 15~64쪽.

5. 몸짓에 관한 노트

1. Georges Gilles de la Tourette(1857~1904). 프랑스의 신경학자. 최초로 공조운동실조(共調運動失調)에 관한 연구를 수행했다. 공조운동실조란 어떤 특정한 동작을 할 때 여러 근육을 종합적·조직적으로 사용하지 못하는 것을 가리키는데, 이로 인해 다양한 운동·음성 경련이 일어난다. 이런 경련 장애가 장기간 일어나는 것을 일컬어 '투레트 증후군'이라고 한다. 특히 다음을 참조하라. Georges Gilles de la Tourette, *Études cliniques et physiologiques sur la marche: La marche dans les maladies du système nerveux étudiée par la méthode des empreintes*, Paris: A. Delahaye et Lecrosnier, 1886.
2. Honoré de Balzac, *Théorie de la démarche*, Paris: Didier, 1833.
3. La Tourette, *Études cliniques et physiologiques sur la marche*, p.21.
4. La méthode des empreintes. 폴란드의 의사 루트비히 노이게바우어(Ludwig Neugebauer, 1821~1890)가 개발한 방법을 라 투레트가 개량한 것이라고 알려져 있다. La Tourette, *Études cliniques et physiologiques sur la marche*, pp.14~15.
5. Eadweard Muybridge(1830~1904). 영국의 사진작가. 질주하는 말의 연속사진을 처음으로 촬영해 유명해졌다(1878년 6월 11일). 이 사진은

운동의 연속된 흔적을 다양한 건판(乾板)에 남긴 것으로, 이런 일련의 사진을 머이브리지 자신이 고안한 '주프락시스코프'(zoopraxiscope)라는 기계에 걸어두면, 움직이는 이미지의 인상을 얻을 수 있다. 이 움직이는 그림은 1881년 파리에서 공개됐다.

6. Georges Gilles de la Tourette, *Étude sur une affection nerveuse caract-érisée par de l'incoordination motrice accompagnée d'écholalie et de coprolalie*, Paris: A. Delahaye et Lecrosnier, 1885. 에콜라리아와 코프롤라리아는 투레트 증후군의 특이한 복잡음성경련 증상이다. 전자는 타인이 한 말을 자신도 모르게 반복하는 증상이며, 후자는 자신도 모르게 야비하거나 외설스러운 말을 내뱉는 증상이다.

7. Jean-Martin Charcot, *Leçon du mardi à la Salpêtrière*, t.II: 1888~1989, Paris: A. Lecrosnier et Babé, 1889, pp.356~357. 아감벤이 본문에서 길게 인용한 대목은 「제16강: 석탄증기 중독에 따른 보행불능의 사례」("Seizième leçon: Un cas d'abasie trépidante survenue à la suite d'une intoxication par la vapeur de charbon")에 있다.

8. Étienne-Jules Marey(1830~1904). 프랑스의 과학자. 운동하는 물체의 단속적 흔적을 한 개의 건판 위에 기록하는 촬영기법을 발명하고, 이 기법을 '크로노포토그래피'(chronophotographie)라고 불렀다.
9. Auguste Lumière(1862~1954), Louis Lumière(1864~1948). 1895년 오늘날 영화의 직접적 기초가 된 '시네마토그래피'(cinématographe)를 발명·공개했다.
10. 몸짓의 상실과 회복에 관한 아감벤의 논의는 발터 벤야민의 프란츠 카프카 분석을 참조한 듯하다. "인간들 상호간의 소외감이 최고조에 이른 시대, 불투명해진 관계가 인간의 유일한 관계가 되어버린 시대에 영화와 축음기가 발명됐다. 영화 속에서 사람들은 자신의 움직임을 알아보지 못하며, 축음기 속에서는 자신의 음성을 알아듣지 못한다. 이것은 실험이 증명하고 있는 바이다. 이런 실험들 속에서 실험대상이 되고 있는 인간의 상황이 카프카의 상황이다. 이런 상황이 그로 하여금 공부를 하도록 지시하고 있는 것이다. 어쩌면 그는 공부를 하면서, 여전히 역할의 상관관계 속에 있는 자신의 현존재의 단편과 마주치게 될지도 모른다. 그는 마치 페터 슐레밀이 자신이 팔았던 그림자를 되찾았던 것처럼 잃어버린 몸짓을 붙잡을 수 있을지도 모른다. 그는 자신을 이해하게 될지도 모르지만 그러기 위해서는 얼마나 엄청난 노력이 필요할 것인가!" 발터 벤야민, 반성완 옮김, 「프란츠 카프카」, 『발터 벤야민의 문예이론』, 민음사, 1983, 93~94쪽.
11. Aby Warburg(1866~1929). 독일의 예술사가. 유대계 대부호의 피를 이어받아 자신의 사유재산으로 함부르크에 '바르부르크연구소'를 세웠다. 훗날 영국의 런던으로 이주한 이 연구소는 독일의 미술사학자 에르빈 파노프스키(Erwin Panofsky, 1892~1968) 등이 확대 발전시킨 도상학의 아성이 됐다.
12. *Mnemosyne*. 아비 바르부르크 말년의 프로젝트로서, 서적이나 신문 등의 이미지들을 검은 판넬 위에 배치·구성하는 형식으로 이뤄진 작업이다. 도상의 배치(성좌)를 통해 자신의 사상을 이미지만으로 구성하고자 했던 시도로 평가되고 있다. 미완성으로 남아 있던

이 작업은 바르부르크의 사후에 편집되어 소개됐다. Aby Warburg, *Der Bilderatlas Mnemosyne*, Hrsg. Martin Warnke und Claudia Brink, Berlin: Akademie Verlag, 2000. 『므네모시네』(특히 46번 판넬)에 대한 아감벤의 해석으로는 다음을 참조하라. Giorgio Agamben, *Signatura rerum: Sul metodo*, Torino: Bollati Boringhieri, 2008, pp.30~32, 58 ~59. [양창렬 옮김, 『사물의 표시: 방법에 관하여』, 도서출판 난장, 2014, 40~44, 83~85쪽. 아래의 사진이 46번 판넬이다.]

13. Andrea De Jorio(1769~1851). 이탈리아의 고고학자. 최초의 민족지학자로 불리기도 한다.『나폴리인들의 몸짓을 통해 본 고대인들의 무언극』(*La mimica degli antichi investigata nel gestire napoletano*, 1832)이라는 저서를 통해 고대 그리스의 화병에 새겨진 여러 손짓 모양과 근대 나폴리인들의 손짓 모양이 서로 유사함을 주장하며 고대와 현대의 연속성을 강조했다.
14. 질 들뢰즈, 유진상 옮김,「운동-이미지와 그 세 가지 양상: 베르그송에 관한 두 번째 주석」(제4장),『시네마 1: 운동-이미지』, 시각과언어, 2002, 112~138쪽.
15. *Nacht und Träume*. 1982년 영국의 극작가 새무얼 베케트(Samuel Beckett, 1906~1989)가 제작한 텔레비전 연극.
16. Marcus Terentius Varro(B.C. 116~27). 고대 로마의 문필가·웅변가. "로마에서 가장 학식 있는 인물"로 불렸던 인물로서 약 74개의 저술을 남긴 것으로 알려져 있으나 현존하는 것은 기원전 1세기경에 집필된 것으로 알려진『라틴어에 관하여』(*De lingua latina*),『농업에 관한 세 권의 책』(*Rerum rusticarum libri tres*) 두 편에 불과하다.
17. Marcus Terentius Varro, *De lingua latina*, VI, VIII, 77. '몸짓'(gesto)이라는 단어는 '수행하다'(gerere)라는 라틴어 동사에서 파생됐다.

6. 언어와 인민

1. François de Vaux de Foletier, *Les Tsiganes dans l'ancienne France*, Paris: Société d'Édition Géographique et Touristique, 1961, pp.23~32. 아감벤은 위 대목을 다음의 책으로부터 재인용하고 있다. Alice Becker-Ho, *Les princes du jargon: Un facteur négligé aux origines de l'argot des classes dangereuses*, Paris: Gallimard, 1992, p.22.
2. Becker-Ho, *Les princes du jargon*, p.21.
3. 「언어와 인민」은 원래 중국계 프랑스인으로서 아감벤이 본서를 헌사한 기 드보르(Guy Debord, 1931~1994)의 아내이기도 한 알리스 벡커-호(Alice Becker-Ho, 1941~)의 책『은어의 대가들』(*Les princes*

du jargon)에 대한 서평으로 작성된 글이다. 전체 150쪽에 불과한 이 책은 '용어해설'이 절반 이상을 차지하며(53~134쪽), 더욱이 그 앞에 있는 본문의 대부분은 인용문으로 채워져 있다. 드보르 역시 자신의 첫 번째 저서 『비망록』(*Mémoires*, 1959)을 칼 맑스, 요한 호이징하, 샤를 드 수비스 등의 인용문으로 만든 바 있다.

4. Becker-Ho, *Les princes du jargon*, p.51.
5. Becker-Ho, *Les princes du jargon*, p.50.
6. "오늘날 아무도 자신이 할 수 있는 것만을 고집해서는 안 된다. 즉흥적인 것에 강점이 있기 때문이다. 모든 결정타는 왼손으로 이뤄지게 될 것이다." 발터 벤야민, 김영옥·윤미애·최성만 옮김, 『일방통행로/사유이미지』, 도서출판 길, 2007, 76쪽.
7. Jean-Claude Milner, *Introduction à une science du langage*, Paris: Seuil, 1989, p.41.
8. Gershom Scholem, "Une lettre inédite de Gershom Scholem à Franz Rosenzweig: À propos de notre langue. Une confession," trad. Stéphane Mosès, *Archives des sciences sociales des religions*, vol.60, no.1, Juillet-Septembre 1985, pp.83~84.
9. Dante Alighieri, *De vulgari eloquentia* (1305), ed. Steven Botterill, Cambridge: Cambridge University Press, 1996.
10. François Villon(1431~1463?). 프랑스의 시인이자 범죄자. 속칭 '저주받은 시인'의 시조로 불리는 인물로서, 중세 파리에서 추방상태나 감옥에 수감된 상황에서 인생의 대부분을 보낸 것으로 유명하다. 주요 작품으로 『대(大)유언집』(*Le Grand Testament*, 1462), 『수형자의 노래』(*Ballade des pendus*, 1489) 등이 있다. 국내에 번역된 책으로 다음이 있다. 김준현 옮김, 『유언의 노래』, 민음사, 2016.
11. "윤리가 언표될 수 없다는 점은 분명하다. 윤리는 초월론적이다(윤리와 미학은 하나이다)." 루트비히 비트겐슈타인, 이영철 옮김, 『논리-철학 논고』, 책세상, 2006, 6.421. 이 대목을 포함해 『논리-철학 논고』의 6.42 이하도 윤리를 다루고 있다.

7. 『스펙터클의 사회에 관한 논평』에 붙이는 난외주석

1. Cartografi(c)a. 상황주의자들의 주요 개념들 가운데 하나인 '심리지리학'(psychogéographie)을 염두에 둔 표현인 듯하다. 원래 심리지리학이란 기 드보르가 제안한/고안한 개념으로서, "의도했든 의도하지 않았든 개인들의 감정과 행위에 영향을 끼치는 지리적 환경의 정밀한 법칙과 특정한 효과에 관한 연구"를 뜻했다. Guy Debord, "Introduction à une critique de la géographie urbaine," *Les lèvres nues*, no.6, 1955. 상황주의자들은 드보르의 이런 심리지리학 개념에 근거한 분석을 통해 기존의 도시 구조가 사람들 사이의 분리를 고착화한다고 비판했을 뿐만 아니라, 이에 근거한 새로운 지도그리기를 통해 새로운 통합도시계획(urbanisme unitaire)을 제시하기도 했다. 예를 들어 상황주의자들이 제작한 최초의 심리지리학적 지도인 「벌거벗은 도시」(*The Naked City*, 1957)는 아직 자본주의의 개발 논리가 완전히 미치지 못했기에 회생의 가능성을 간직한 파리의 각 구역을 연결해놓은 지도이다. 그러나 1980~90년대에 들어와 구체적인 도시계획과의 관련성이 희미해지면서 심리지리학(그리고 심리지리학적 지도)은 물리적 실체를 지닌 지리뿐만이 아니라 가상의 지리, 더 나아가 저마다의 독특한 사고방식과 행동을 위한 전략과 계획까지 대상으로 삼게 됐다. 특히 후자와 관련된 '지도제작술'(cartographie)에 대해서는 다음의 책을 참조하라. 질 들뢰즈·펠릭스 가타리, 김재인 옮김, 「서론: 리좀」, 『천 개의 고원』, 새물결, 2001, 11~55쪽.

2. Guy Debord, "Prefazione alla quarta edizione italiana," *La società dello spettacolo*, trad. Fabio Vasarri e Paolo Salvadori, Firenze: Vallecchi, 1979; "Préface à la quatrième édition italienne de *La société du spectacle*," *Commentaires sur la société du spectacle*, Paris: Gallimard, 1992.

3. Carl von Clausewitz, "Der Feldzug von 1815 in Frankreich," *Hinterlassene Werke des Generals Carl von Clausewitz*, Bd.8, Hrsg. Marie von Clausewitz, Berlin: Ferdinand Dümmler, 1837; Debord, "Préface à la quatrième édition italienne," pp.127~128. 재인용.

4. Mary Philadelphia Merrifield, "The Harmony of Colours as Exemplified in the Exhibition," *The Art Journal Illustrated Catalogue: The Industry of All Nations, 1851*, London: Bardbury & Evans, 1851, p.ii. 이 논문은 만국박람회에 출품된 전시물 소개가 끝나는 위 도록의 328쪽 뒤에 붙은 5편의 에세이 중 두 번째의 에세이이다. 이 5편의 에세이 쪽수는 각각 따로 매겨져 있는데 전체 쪽수와 통합해서 보면 본문에서 인용된 구절은 위 도록의 346쪽에 나온다.
5. 칼 맑스, 강신준 옮김, 『자본 I-1』, 도서출판 길, 2008, 135쪽. 「상품의 물신적 성격과 그 비밀」은 제1장 4절의 제목이다.
6. 루이 알튀세르, 이진수 옮김, 「《자본론》제1권에 부치는 서문」, 『레닌과 철학』, 백의, 1997, 103쪽. '제1논점'(90~96쪽)도 참조하라.
7. Karl Kraus, "In dieser großen Zeit," *Weltgericht*, Bd.1, Leipzig: Karl Kraus, 1919; Frankfurt am Main: Suhrkamp, 1988, S.9~24. 영어판은 해당 구절을 좀더 길게 인용하고 있다. "행위가 뉴스를 만들어 내고 뉴스는 행위를 촉발하는 끔찍한 조화가 붐을 일으키고 있는 이 시끄러운 시대." Karl Kraus, "In These Great Times," *In These Great Times: A Karl Kraus Reader*, ed. Harry Zohn, Chicago, Ill.: University of Chicago Press, 1990, p.70.
8. Karl Kraus, *Dritte Walpurgisnacht*, Hrsg. Christian Wagenknecht, Frank-furt am Main: Suhrkamp, 1986, S.12.
9. Karl Kraus, "Bekenntnis," *Worte in Versen*, Bd.2, Wien: Die Fackel, 1917; *Ausgewählte Gedichte*, München: Kurt Wolff, 1920, S.40.
10. Guy Debord, "Définitions," *Internationale Situationniste*, no.1, Juin 1958, p.13. '구축된 상황'에 대한 더 정확한 설명은 같은 호에 실린 「상황 구축에서의 예비 문제들」(Problèmes préliminaires à la construction d'une situation)을 참조하라. 상황주의자들의 창립 선언문 역시 참조할 것. Guy Debord, *Rapport sur la construction des situations et sur les conditions de l'organisation et de l'action de la tendance situationniste internationale*, Paris: Internationale Situationniste, 1957.

11. Debord, "Prefazione alla quarta edizione italiana"; "Préface à la quatrième édition italienne," p.131. '북서항로'(passage du Nord-Ouest)란 북아메리카 해안, 특히 북극제도-알래스카-그린란드를 거쳐 대서양과 태평양을 연결하는 무역항로를 말한다. 1493년 신대륙의 소유권을 둘러싼 스페인과 포르투갈의 분쟁을 가라앉히려고 교황 알렉산데르 6세가 신대륙을 두 열강에 양분해주자 영국·프랑스·네덜란드 등 후발주자들은 아시아(중국, 인도 등)에 이르는 새로운 무역항로를 찾아야 했는데 그 새로운 무역항로를 '북서항로'라 불렀다. 1906년 노르웨이의 탐험가 로알 아문센(Roald Amundsen, 1872~1928)이 그린란드-알래스카 항로를 발견하기까지 약 5세기 동안 북서항로는 유럽인들에게 '새로운 길'을 상징하는 은유로 쓰였다. 특히 상황주의자들은 토머스 드 퀸시(Thomas de Quincey, 1785~1859)가 『어느 영국 아편중독자의 고백』(Confessions of an English Opium-Eater, 1821)에서 사용한 "야심차게 나의 북서항로를 찾는다"는 구절에 빗대어 통합도시계획의 대의를 설명하곤 했다.
12. 프리드리히 니체, 안성찬·홍사현 옮김, 『즐거운 학문/메시나에서의 전원시/유고(1881년 봄-1882년 여름)』, 책세상, 2005. 특히 제4부의 단편 341을 참조하라.
13. 맑스, 『자본 I-1』, 92쪽. 원래 이 표현은 '상품가치'(Warenwerte)를 지칭한다. 다시 말해서 "공통된 사회적 실체"란 상품의 생산에 투여되는 인간노동으로서, 그것이 결정화된 것이 상품가치란 뜻이다.
14. '집중된/산재된 스펙터클'(le spectaculaire concentré/diffus)의 차이에 대해서는 『스펙터클의 사회』 3장을 참조하라. 특히 §63~65를 참조할 것. 기 드보르, 유재홍 옮김, 『스펙타클의 사회』, 울력, 2014, 60~62쪽. '통합된 스펙터클'(le spectaculaire intégré)에 대해서는 『스펙터클의 사회에 관한 논평』의 §4~5, 29 등을 참조하라.
15. 티미쇼아라 등 루마니아의 서부 지방은 헝가리와 국경을 맞대고 있었으며, 1919년 오스트리아-헝가리 제국이 붕괴할 때까지 헝가리 왕국의 영토이기도 했다. 이 때문에 루마니아에 거주하고 있던 헝가

리계 주민에 대한 정부의 대응은 좋은 편이 아니었다. 더욱이 니콜라에 차우셰스쿠는 7천~1만5천여 개의 농촌부락을 해체해 거대한 농공단지를 만들려 했는데 이 중 1천5백여 개의 부락에 헝가리 소수민족이 모여 살았기 때문에 농공단지 조성계획은 결국 소수민족 분산 정책이라는 비난을 받게 됐다. 이런 상황에서 벌어진 시위는 애초에는 인권활동가이자 헝가리개혁교회(Romániai Református Egyház)의 목사인 라슬로 퇴케시(László Tőkés, 1952~)의 국외추방에 대항하는 마자르인들의 항의라는 성격을 띠었다. 그 와중인 12월 17일, 1만여 명의 민중들이 거리행진 시위를 벌였을 때 보안경찰이 시위대에게 발포해 수많은 사상자(24명 사망)가 나오게 된다. 이를 계기로 같은 달 20일, 시위가 격화되어 5만여 명이 시위에 나섰다. 이때에도 경찰의 발포로 인해 수천 명이 살해당했다. 이 때문에 현장에서 목격한 외국 기자들은 이를 "루마니아의 톈안먼 학살"이라고 표현했다. 며칠 후 시 교외에서 발견된 세 곳의 묘지에는 4천5백 구의 시체가 묻혀 있었다. 곧 시위행진이 전국적으로 번졌고, 25일 차우셰스쿠는 체포되어 사형판결을 받고 즉각 사형됐다.

16. "노동자들을 상품시간의 '자유로운' 생산자이자 소비자의 위치로 추동하는 데 필요한 예비조건은 **그들 자신의 시간의 폭력적인 수용**(l'expropriation violente de leur temps)이었다. 시간의 스펙터클적 복귀는 생산자에 대한 이와 같은 최초의 소유박탈 이후에야 비로소 가능해졌다"(§159). 드보르, 『스펙타클의 사회』, 160쪽. 일찍이 아감벤은 '경험의 수용'(l'espropriazione dell'esperienza)에 대해서 언급한 바 있다. Giorgio Agamben, "Infanzia e storia: Saggio sulla distruzione dell'esperienza," *Infanzia e storia: Distruzione dell'esperienza e origine della storia* (1978), Torino: Einaudi, 2001, pp.3~66. [조효원 옮김, 「유아기와 역사: 경험의 파괴에 관한 시론」, 『유아기와 역사: 경험의 파괴와 역사의 근원』, 새물결, 2010, 27~126쪽.] 이렇게 수용된 대상들(언어능력, 공통적인 것 등)은 '박물관'에 전시된 유물들처럼 우리에게서 분리되어 더 이상 사용할 수도, 경험할 수도 없게 된다.

17. Haggadah. '설화'(說話)라는 뜻으로 민담, 잠언, 격언, 전설, 비유 등을 통한 유대교 경전 해석법을 일컫기도 한다. 유대교의 경전은 구약성경에 해당하는 '타나크'(Tanakh)[율법서=토라, 예언서, 성문서의 앞 글자들만을 딴 명칭]와 구전 율법에 해당하는 '탈무드'(Talmud)로 크게 구분되는데, 탈무드는 '미슈나'(Mishnah)[토라에 기록되지 않은 율법], '바라이타'(Baraita)[미슈나에 포함되지 않은 율법], '게마라'(Gemara)[미슈나에 관한 해석]로 다시 구분된다. 미슈나는 총 여섯 부분으로 구성되어 있는데, 본문에서 인용된 하가다는 미슈나의 제2부 '모엣'(Mo'ed)[안식일과 축제일 관련 율법들] 중 마지막「하기가」(Hagigah) 편에 속하며 14b라는 번호가 붙어 있다. 이 하가다에 등장하는 랍비 아헬(Aher)의 본명은 원래 '엘리샤 벤 아브야'(Elisha ben Abuyah)이다. 그러나 엘리샤가 사두개파(이들은 토라[모세5경]만을 신봉했고 구전 율법을 인정하지 않았다)로 전향한 뒤부터 랍비들은 그의 본명을 언급하기 꺼려 했고, 불쾌한 대상을 지칭할 때 사용하던 '아헬'(다른 것/사람)이라는 단어로 불렀다.

18. 언어경험(Experimentum linguae)이라는 개념은 발터 벤야민이 말한 '순수 언어'(die reine Sprache) 개념과 관련이 있다. 순수 언어란 "더 이상 아무것도 의도하지 않고 아무것도 표현하지 않으며 표현할 수 없는 말"로서 그 안에 "전달불가능한 어떤 것"을 핵으로 지닌 언어이다. 발터 벤야민, 최성만 옮김,「번역자의 과제」,『언어 일반과 인간의 언어에 대하여/번역자의 과제 외』, 도서출판 길, 2008, 138~139쪽. 아감벤이 말하는 '언어의 순수한 외재성'이란 바로 이런 순수 언어의 핵, 즉 "전달불가능한 어떤 것"(또는 "말할 수 없는 것," "말로 전할 수 없는 것")인데, 이에 직면한 주체는 언어라는 바탕 위에 구축된 모든 것, 가령 윤리나 미학의 불가능성에 좌절한다. 그러나 벤야민이 순수 언어의 존재 자체가 서로 이질적인 두 언어 사이의 '번역가능성'을 보장한다고 말한 것처럼, 아감벤 역시 "전달불가능한 어떤 것"이 확실히 존재하지만 그럼에도 불구하고(혹은 바로 그 사실을 인정함으로써) 우리는 모든 인간이 '말한다는 사실'(factum loquendi) 자체에

주목할 수 있고, 바로 거기에서 윤리나 미학의 존재가능성을 찾을 수 있다고 주장한다. 이런 점에서 아감벤이 '엑스페리멘툼'이라는 표현을 쓴 것은 언어활동으로 인한 '경험적'(experiential) 차원뿐만 아니라 '실험적'(experimental) 차원까지 함축하기 위해서인 듯하다. 다음을 참조하라. Giorgio Agamben, *Idea della prosa*, Milano: Feltrinelli, 1985; "Experimentum linguae," *Infanzia e storia: Distruzione dell'esperienza e origine della storia*, Torino: Einaudi, 2001, pp.vii~xv. [조효원 옮김,「언어 실험」,『유아기와 역사: 경험의 파괴와 역사의 근원』, 새물결, 2010, 11~26쪽. 이 글은 서문에 해당된다.]
19. 알랭 바디우, 조형준 옮김,「역사적 사회적 상황의 상태」(성찰 9),『존재와 사건』, 새물결, 2013, 184~186쪽.
20. 胡耀邦(1915~1989). 중국의 정치가. 1981년 중국공산당 총서기(예전의 주석)가 된 이후 공산당 내의 소수 급진개혁파로서 중국 민주화와 개혁을 주도했다. 그러나 보수적인 원로들의 역공으로 1987년 사임한 뒤 1989년 4월 15일 심근경색으로 사망했다. 톈안먼 사건(또는 6·4사태)은 애초 후야오방을 추모하는 학생들과 시민들이 전면적인 자유화를 요구하는 집회의 성격을 띠었다.
21. Molteplicatà inconsistente. 이 개념에 관해서는 독일의 수학자 게오르크 칸토어(Georg Cantor, 1845~1918)가 동료 수학자 리하르트 데데킨트(Richard Dedekind, 1831~1916)에게 보낸 편지를 참조하라. "몇 가지 물체(Ding)로 이뤄진 하나의 확정된 다자(하나의 시스템, 하나의 전체자)라는 개념에서 일을 시작할 때, 나는 두 종류의 다자(나는 항상 확정된 다자라고 말할 것인데)를 구별할 필요가 있다고 인정합니다. 즉, 한쪽의 다자는 그 모든 요소의 '공존'이라는 가정이 모순을 이끈다는 식의 성질을 가질 수 있습니다. 그렇다고 이 다자를 하나의 일자로, 즉 '하나의 완결된 물체'로 파악할 수는 없습니다. 저는 이런 다자를 **절대적이고 무한한** 다자(absolut unendliche Vielheit) 또는 **비정합적 다자**(inkonsistente Vielheit)라고 명명합니다. …… 이에 반해 어떤 다자의 요소 전체가 모순 없이 '일괄 공존한다'고 생각

되고, 따라서 그 다자를 '하나의 사물'로 파악하는 것이 가능할 때 나는 그 전체를 정합적 다자(konsistente Vielheit) 또는 '집합'(Menge)이라 명명합니다. …… 두 가지 대등한 다자는 둘 모두 '집합'이거나 둘 모두 '비정합적'이거나, 둘 중 하나입니다." Georg Cantor, "Brief von Cantor an Dedekind vom 3 August 1899," *Gesammelte Abhandlungen mathematischen und philosophischen Inhalts*, Hrsg. Ernst Zermelo, Berlin: Springer-Verlag, 1932, S.443.

8. 얼굴

1. 질 들뢰즈와 펠릭스 가타리는 '머리'(tête)와 '안면/얼굴'(visage)을 대비시킨 적이 있다. 질 들뢰즈·펠릭스 가타리, 김재인 옮김, 「0년: 얼굴성」, 『천 개의 고원』, 새물결, 2001, 321~364쪽. 프랑스어의 안면(표정)이나 얼굴은 모두 '보다'(videre)라는 뜻을 지닌 라틴어의 과거분사(visus)에서 파생된 단어이기 때문에 들뢰즈·가타리는 양자를 큰 구분 없이 혼용해서 쓴 듯한데, 아감벤은 이 안면과 얼굴을 더 명확하게 구분해 사용하고 있다. 아감벤이 안면과 대비해 사용하고 있는 얼굴(volto)의 어원은 "A에서 B로 변하다"(~이 되다)를 뜻하는 라틴어 '볼게레'(volgere)의 과거분사와 철자가 동일하다.
2. Franz Rosenzweig, *Der Stern der Erlösung*, Frankfurt am Main: J. Kauffmann, 1921, S.422~423.

9. 주권적 경찰

1. 발터 벤야민, 최성만 옮김, 「폭력비판을 위하여」, 『역사의 개념에 대하여/폭력비판을 위하여/초현실주의 외』, 도서출판 길, 2008, 95쪽.
2. Le duc de Bourgogne. 중세 프랑스의 동부를 통치했던 부르고뉴 공국의 지배자를 지칭하는 말. 본문에서 말하는 부르고뉴 공작은 용맹공장 1세(Jean sans Peur, 1371~1419)인데, 용맹공은 발루아-오를레앙가의 시조인 루이 1세와의 대립 끝에 1418년 5월 30일 파리를 점령했다가 이듬해 9월 10일 프랑스와의 평화교섭 중 암살됐다.

3. "어떤 국가든 다른 국가에 대해 관할권을 행사할 수 없다." 칼 슈미트, 최재훈 옮김,『대지의 노모스: 유럽 공법의 국제법』, 민음사, 1995, 161~162쪽.

10. 정치에 관한 노트
1. 알랭 바디우, 박영기 옮김,『모호한 재앙에 대하여』, 논밭, 2013, 50쪽; 이종영 옮김,「철학과 정치」,『조건들』, 새물결, 2006, 317~325쪽.
2. 마르틴 하이데거, 문동규·신상희 옮김,『사유의 사태로』, 도서출판 길, 2008. 후기 하이데거의 주요 개념 중 하나인 생기(Ereignis)는 "시야에 들어오다/들어오게 하다"를 뜻하는 독일어 동사 에뢰겐(eräugen)의 파생어로, 그 어원을 풀어보면 '자신의 고유한 것'(eigen)을 '눈'(auge) 앞에 나타나도록 '[다시] 가져온다'(er-)는 뜻이다. 그러나 아감벤은 독일어에서 '사용/전유하다'(eignen)를 뜻하는 동사와 '적절한/고유한'(eigen)을 뜻하는 형용사 사이의 어떤 의미론적 관계에도 주목하기를 강조하며, 생기를 모든 존재자가 그 자체의 고유성을 있는 그대로 드러내는(혹은 그 고유성을 간직한 채 존재하는) '궁극적 사건'으로 풀이하고 있다. Giorgio Agamben, "*Se: L'Assoluto e l'《Ereignis》," *La potenza del pensiero: Saggi e conferenze*, Vicenza: Neri Pozza, 2005, p.164. [김상운·양창렬 옮김,「*Se: 절대적인 것과 '체험'」,『사유의 역량』, 도서출판 길, 근간.]
3. Jean-Luc Nancy, "L'être abandonné," *L'impératif catégorique*, Paris: Flammarion, 1983, pp.139~153.
4. "솔직히 말해서 이제까지 지상에 있었던 가장 자유로운 시민의 관습은, 신들의 상(像)에 덮개를 덮어두는 경우가 있는 것처럼, 일시적으로 자유에다 대의를 엎어야 할 경우가 있다고 나로 하여금 믿게 한다." 몽테스키외, 하재홍 옮김,『법의 정신』, 동서문화사, 2007, 224쪽.
5. Marsilio da Padova(1275~1342). 이탈리아의 철학자. 신성로마제국의 루트비히 4세와 교황 요한 22세의 권력 다툼 속에서『평화의 수호자』(*Defensor pacis*, 1324)를 집필해 단테 알리기에리의『제정론』이래로

굳건히 확립된 세속 국가와 종교적 권위의 분리를 주장했다. 또한 본서 1장(「삶-의-형태」)의 두 번째 단락을 참조하라.
6. 발터 벤야민, 최성만 옮김, 「신학적·정치적 단편」, 『역사의 개념에 대하여/폭력비판을 위하여/초현실주의 외』, 도서출판 길, 2008, 130쪽.
7. 이것은 원래 프리드리히 니체의 아포리즘이다. 원문에 충실하게 다시 옮기면 다음과 같다. "존재―우리는 이에 관해 '살아 있다'는 것 외에는 다른 어떤 표상도 갖고 있지 않다." 프리드리히 니체, 강수남 옮김, 『권력에의 의지』, 청하, 1988, 355쪽, §582; 이진우 옮김, 『유고(1885년 가을~1887년 가을)』, 책세상, 2005, 187쪽, 2[172].
8. 마르틴 하이데거, 이기상 옮김, 「사물」, 『강연과 논문』, 이학사, 2008, 232쪽.
9. 장-뤽 낭시, 박준상 옮김, 『무위의 공동체』, 인간사랑, 2010.
10. 알랭 바디우, 조형준 옮김, 「충실성, 접속」(성찰 23), 『존재와 사건』, 새물결, 2013, 381~392쪽.
11. Intellettualità di massa. 파올로 비르노(Paolo Virno, 1952~)가 자신의 잡지 『루오고 코무네』(Luogo comune)를 통해서 아우구스토 일루미나티(Augusto Illuminati, 1937~) 등과 발전시킨 개념. 다음을 참조하라. 빠올로 비르노, 김상운 옮김, 『다중: 현대의 삶 형태에 관한 분석을 위하여』, 갈무리, 2004, 109~115쪽.
12. 질 들뢰즈·펠릭스 가타리, 이정임·윤정임 옮김, 『철학이란 무엇인가?』, 현대미학사, 1995, 314쪽.

11. 이 망명지에서: 이탈리아 일기, 1992~94년

1. Ayrton Senna(1960~1994). 브라질의 천재 레이서. F1 대회에서 세 차례(1988년, 1990년, 1991년)나 우승하며 'F1의 귀공자'로 불렸다. 아감벤이 이 글을 집필하던 도중인 1994년 5월 2일 이탈리아의 이몰라에서 열린 산마리노그랑프리에서 선두로 달리던 중 갑작스레 일어난 사고로 사망해 전 세계 팬들에게 큰 충격을 줬다. 국장(國葬)으로 장례가 치러질 만큼 당대 브라질 최고의 영웅이었다.

2. Giovanni Botero, *Della ragione di stato e Delle cause della grandezza della città* (1598), Bologna: A. Forni, 1990, p.1. 국가와 국가이성을 정의하는 이 문장은 『국가이성에 관하여』의 서두에 놓여 있다.
3. 『윤리학』제4부인 「인간의 예속 또는 정서의 힘에 대하여」 중 '정리 54'를 가리킨다.
4. Arnold Ruge(1802~1880). 독일의 철학자. 헤겔 좌파로 파리 망명 중이던 1844년 맑스와 『독불연보』(*Deutsch-Französische Jahrbucher*)를 창간했다가 훗날 맑스와 결별했다.
5. Karl Marx, "M. an R. Auf der Treckschuit nach D. im März 1843," *Marx-Engels Gesamtausgabe*, Bd.1/2, Berlin: Dietz, 1982, S.471.
6. Primo Levi(1919~1987). 유대계 이탈리아인 화학자. 파시스트 정권에 맞서는 저항운동 중 1943년 체포되어 아우슈비츠로 이송됐으나 살아남았다. 첫 번째 회고록 『이것이 인간인가』(*Se Questo è un Uomo*, 1958)를 통해 20세기 증언문학의 대표자로 활동하다가 1987년 4월 11일 자살했다. 대부분의 저서가 국내에 번역되어 있다.
7. 카프카의 『소송』(1925) 마지막 구절을 염두에 둔 말이다. 사형집행인의 칼에 심장을 찔린 요제프 K는 두 남자가 자기 눈앞에서 서로 뺨을 맞댄 채 자신의 종말을 바라보는 모습을 흐려져 가는 눈으로 본다. 소설의 마지막 세 문장은 다음과 같다. "'개 같군.' 그가 말했다. 그가 죽은 후에는 치욕만이 남아 있을 것 같았다." 프란츠 카프카, 이주동 옮김, 『소송』, 솔, 2006, 247쪽.
8. 프란츠 카프카, 이주동 옮김, 「법 앞에서」(1915), 『변신: 단편 전집』, 솔, 1997, 225~227쪽.
9. Sabbatai Zevi(1626~1676). 터키 태생의 랍비이자 카발리스트. 유대민족의 역사를 통틀어 보편적으로 메시아로 받아들여진 유일한 사람이었다. 카발라에 따르면 메시아가 강림하면 법이 무화될 것이기에 토라(정통 유대교 경전)에 대한 위반이야말로 메시아의 본질이 된다. 사바타이 체비는 자주 헛소리를 하고, 착란의 순간에는 불경스러운 행위를 저질렀는데 사람들은 이런 체비의 모습에서 메시아의 형상을 봤다.

그러나 1666년 체비는 죽음의 위협 아래 술탄 모하메드 4세 앞에서 이슬람교로 개종했고, 체비의 추종자들은 이 배교행위만은 결코 받아들일 수 없었다. 현대 정치철학의 관점에서 사바타이주의를 언급하고 있는 것으로는 다음을 참조하라. 다니엘 벤사이드, 김은주 옮김, 『저항: 일반 두더지학에 대한 시론』, 도서출판 이후, 2003.

10. "내가 모세의 율법이나 예언자들의 말씀을 깨뜨리러 온 줄로 생각하지 마라. 나는 그들의 말씀을 깨뜨리러 온 것이 아니라 완성하러 왔다"(「마태복음」 5장 17절).

11. "우리에게 잘못한 사람을 우리가 용서해준 것처럼 우리의 죄를 용서해주소서"(「마태복음」 6장 12절).

12. Jean-Claude Milner, *L'archéologie d'un échec: 1950~1993*, Paris: Seuil, 1993.

13. 아리스토텔레스, 이창우·김재홍·강상진 옮김, 『니코마코스 윤리학』, 이제이북스, 2006. 특히 1097b22 이하를 참조하라.

14. Konstantin Kavafis(1863~1933). 그리스를 대표하는 현대 시인. 이집트의 알렉산드리아에 집을 짓고 살았기 때문에 '알렉산드리아의 카바피'로도 불린다. 영국의 소설가 E. M. 포스터(Edward Morgan Forster, 1879~1970)는 카바피와의 만남을 여행기 『알렉산드리아』(*Alexandria: A History and Guide*, 1922)에 기록해놓았다.

원문 출처

본서에 수록된 몇몇 글은 프랑스어로 먼저 발표됐다(1~5, 10). 그럴 경우에는 이탈리아어 원제 뒤에 프랑스어 제목을 병기해놓았다. 한편 본서에 수록되기 이전에 '다른 제목'으로 이탈리아에서 출판된 경우(6)에도 그 해당 제목을 병기해놓았다. 본서의 마지막 글인 「이 망명지에서: 이탈리아 일기, 1992~94년」(In questo esilio: Diario italiano 1992-94)은 새롭게 작성된 글이다. 그러나 그 일부 내용은 「새로운 엑소더스가 시작되는 곳」이라는 제목으로 발표된 적이 있다("Dove inizia il nuovo esodo," *Derive Approdi*, no.5-6, inverno 1994, pp.35~36).

❧

1. "Forma-di-vita"; "Forme-de-vie," trad. rédaction de la revue, *Futur Antérieur*, vol.15, no.1, 1993, pp.81~86.
2. "Al di là dei diritti dell'uomo"; "Au-delà des droits de l'homme," *Libération*, 9 juin 1993, p.8; 10 juin 1993, p.6.
3. "Che cos'è un popolo?"; "La double identité du peuple," *Libération*, 11 février 1995, p.6.
4. "Che cos'è un campo?"; "Qu'est-ce qu'un camp de concentration?," *Libération*, 3 octobre 1994, p.10.
5. "Note sul gesto"; "Notes sur le geste," trad. Daniel Loayza, *Trafic*, no.1, hiver 1992, pp.31~36.

6. "Le lingue e i popoli"; "Parole segrete del popolo senza luogo," *Luogo comune*, no.1, 1990, pp.40~42. [이것은 다음 책의 서평이다. Alice Becker-Ho, *Les princes du jargon: Un facteur négligé aux origines de l'argot des classes dangereuses*, Paris: Gérard Lebovici, 1990.]
7. "Glosse in margine ai Commentari sulla societàdello spettacolo," in Guy Debord, *Commentari sulla società dello spettacolo & La società dello spettacolo*, trad. Fabio Vasarri e Paolo Salvadori, Milano: Sugar-Co, 1990, pp.233~250. [이 이탈리아어판은 기 드보르의 『스펙터클의 사회』와 『스펙터클의 사회에 관한 논평』을 합본한 판본이다.]
8. "Il volto," *Marka*, no.28, 1990, pp.8~20.
9. "Polizia sovrana," *Luogo comune*, no.3, 1992, pp.1~2.
10. "Note sulla politica"; "Le commun: Comment en faire usage," trad. ré-daction de la revue, *Futur Antérieur*, vol.9, no.1, 1992, pp.9~14.

간주곡 1 | Intermezzo 1
새로운 정치철학을 위한 아감벤의 실험실

"여기에 수록된 텍스트는 모두 각기 다른 방식으로, 그리고 해당 텍스트가 생겨난 상황에 따라서 여전히 열려 있는 실험실과 마찬가지이다." 짧고도 압축적인 이 책 『목적 없는 수단』은 조르조 아감벤의 이런 선언으로 시작한다. 아감벤은 도대체 이 실험실에서 무엇을 실험한 것일까? 아마도 아감벤 자신이 "이 실험실의 첫 번째 결실"이라고 부른 『호모 사케르: 주권권력과 벌거벗은 생명』(1995)을 통해 우리는 그 일단을 엿볼 수 있을 것이다. 아감벤은 『호모 사케르』의 서문에서 이렇게 말하고 있다. "이 책은 원래 새로이 등장한 전 지구적 질서에 대한 유혈 낭자한 신비화에 하나의 응답으로서 구상된 것"이라고, 하지만 연구를 진행하는 과정에서 "여러 인문과학들이 이미 명확하게 규정했다고 믿고 자명한 것으로 전제해왔던 개념들 중 어느 것도 확실한 것으로 받아들일 수 없으며, 그런 개념들 중 상당수가 이런 파국의 위급함 속에서 지체 없이 수정될 필요가 있다"는 것을 알게 됐다고 말이다.[1]

아감벤이 말하는 임박한 파국이란 누구에게 파국이고, 또 어떤 파국일까? 우리가 아감벤을 살피는 것은 바로 이런 문제를 사유하기 위함이다. 물론 우리는 임박한 파국의 자구적字句的 의미보다는 다른 면들, 즉 현재의 정치조건을 사유하고 지금까지 우리가 그런 문제를 사유할 때 이용해온 모든 범주와 개념을 근본적으로 회의하고 의문시하는 데 과연 아감벤이 얼마나 유용한지를 역시 '의문시'하고 '회의'하기 위해 아감벤의 방법과 내용을 전유할 것이다. 그리하여 우리 역시 아감벤처럼 '지체 없는 수정'을 가해야 할 것이다. 그러나 그런 수정은 아감벤이 『목적 없는 수단』의 서문에서 말하듯이, 무조건적으로 싹트는 것이 아니라 다양한 실험(실) 속에서 산출될 것이다.

1. 『목적 없는 수단』의 구조

『호모 사케르』라는 걸출한 결실이 나온 것에서도 알 수 있듯이, 『목적 없는 수단』이라는 아감벤의 실험실은 호모 사케르 연작의 전체적인 틀을 파악하고 이해할 수 있는 밑그림을 제공해

---

1) Giorgio Agamben, *Homo Sacer: Sovereign Power and Bare Life*, trans. Daniel Heller-Roazen, Stanford, CA.: Stanford University Press, 1998, p.12. [박진우 옮김, 『호모 사케르: 주권권력과 벌거벗은 생명』, 새물결, 2008, 52쪽.] 이하 (조르조 아감벤의 저작을 제외하고) 외국어로 된 자료의 한국어판이 있는 경우에는 가급적 한국어판을 사용했다.

준다. 총 11개의 방(글)으로 구성된 이 실험실은 크게 두 개의 지지대(주제), 세부적으로는 세 개의 건물(내용)로 나눌 수 있는데, 이를 정리하면 다음과 같다.

- **첫 번째 주제: 정치철학적 실험**
  ─ 첫 번째 내용(제1부 2장부터 4장, 제3부의 일부): 비오스, 조에, 예외상태, 강제수용소, 난민 등
  ─ 두 번째 내용(제1부 1장): 삶-의-형태
- **두 번째 주제: 미학-정치적 실험**
  ─ 세 번째 내용(제2부 전체, 제3부의 일부): 스펙터클, 언어활동, 몸짓, 얼굴 등

첫 번째 주제는 대체로 『호모 사케르』와 중복되지만 완전히 똑같지는 않다. 『목적 없는 수단』에 수록된 글들은 아감벤이 시도하는 사유 실험의 전체적인 경향을 드러내는 예언적·방향지시적 글인 동시에 각 글이 작성된 1990년대 말의 여러 정치적 사건을 성찰하는 정세적인 글이기도 하기 때문이다(『호모 사케르』에는 이런 정세적 측면이 누락되어 있다). 이런 점을 감안하면 우리는 『목적 없는 수단』을 이중으로 읽어야 한다. 한편으로는 아감벤의 전체적인 정치적 기획이 무엇이며 거기에서 어떤 실험이 행해지고 있는가를 읽어야 한다. 다른 한편으로는 정세와의 관련 속에서, 즉 호모 사케르 연작의 실천적 함의에 대한

성찰의 일환으로서 읽어야 한다. 그러므로 호모 사케르 연작이 "지나치게 현학적이라 무슨 말을 하려고 하는지 모르겠다"고 불평하기보다는 우선 당대의 정세와 관련해 아감벤의 글들을 다시 읽어보는 편이 낫겠다.

『목적 없는 수단』의 두 번째 주제는 흔히 미학에 속하는 것이라 불린다. 그렇지만 겉으로 순수 미학적인 차원의 논의로 보이는 아감벤의 텍스트들은 지극히 정치적이다. (곧 살펴보겠지만) 가령 아감벤의 언어활동 분석은 민주주의-스펙터클 사회라는 동시대적 조건의 구조를 파헤치는 노력이고, 몸짓은 새로운 삶의 형식이나 행복한 삶의 필연성을 향한 순수 수단으로서 제시된다. 호모 사케르 연작의 4-1권(『극빈: 수도원 규율과 삶의 형태』)의 내용을 예언케 해주는 동시에 아감벤의 해방적 기획을 가늠할 수 있게 해준다는 점에서 특이한 위치를 차지하는 「삶-의-형태」(제1부 1장)의 의미 역시 제2부와 겹쳐 읽을 때에만 분명하게 드러난다는 점도 아감벤의 미학적 논의가 사실은 지극히 정치적이라는 점을 잘 보여준다.[2]

---

[2] 호모 사케르 연작은 총 4권 9책으로 종결됐다. 각 권의 제목은 다음과 같다. 『호모 사케르』(1권/1995), 『예외상태』(2-1권/2003), 『스타시스: 정치 패러다임으로서의 내전』(2-2권/2015), 『언어활동의 성사: 맹세의 고고학』(2-3권/2008), 『왕국과 영광: 오이코노미아와 통치의 신학적 계보학을 위하여』(2-4권/2007), 『하나님의 일: 성무일과의 고고학』(2-5권/2012), 『아우슈비츠의 남은 자들: 문서고와 증인』(3권/1998), 『극빈: 수도원의 규칙과 삶의 형태』(4-1권/2011), 『육체의 활용』(4-2권/2014).

정작 문제는 아감벤의 텍스트에서 이런 정치적 함의를 직접적으로 도출해내기가 생각만큼 그리 쉽지가 않다는 것이다. 통상적으로라면 "옮긴이 후기"나 "해제"라는 제목을 달아야 할 이 글이 우리의 아감벤 독해에 대한 중간 점검이라는 의미에서 '간주곡/Intermezzo'라는 제목을 달게 된 배경에는 이런 사정이 있다. 사실 아감벤의 텍스트는 묘한 구조를 갖고 있기 때문에 단숨에 파악하기가 어렵다. 아감벤의 텍스트는 직선적이지 않다. 어떤 텍스트에서 간결하고 압축적으로 언명된 단어나 내용이 다른 텍스트에서 다른 주제와 병치되며 굴절과 변형을 거친 채 다시 서술되는 식이다. 그렇다고 해서 아감벤의 사유가 비체계적이라는 말은 결코 아니다. 아감벤의 작업은 거의 모든 텍스트에서 여러 형태로 변장하면서 출현하고 확장하고 변형하는 복잡한 회귀이기에, 여기에는 개념이 서로 촘촘하게 연결되어 있는 그물망이 존재한다는 것이다.

이런 까닭에 아감벤의 정치적 사유에 접근하려면 불가피하게 선택적 독해를 진행할 수밖에 없다. 우선 아감벤의 문제제기가 무엇인가를 어느 하나의 텍스트를 정해 확인하고, 그 확인된 바를 (아감벤이 쓴 것뿐만이 아니라 여타의 사상가들이 쓴) 다른 텍스트들과 연계해 깊이 있게 탐구해보는 것이다. 이제부터 우리는 제2부의 글들, 특히 「《스펙터클의 사회에 관한 논평》에 붙이는 난외주석」(7장)을 중심으로 삼아 이런 방식으로 아감벤의 복잡한 개념적 실타래를 풀어내보려고 한다.

2. 드보르와 아감벤: 사유의 유산과 해석

아감벤의 작업에서 드보르가 중요하다는 점은 많은 이들에 의해 지적됐다.[3] 그러나 이 둘의 관계를 자세히 탐구한 글은 드문 편이다. 국내의 경우 『스펙터클의 사회』(1967)를 제외하고는 드보르의 논의가 거의 알려지지 않은데다 아주 짧게만 관심의 대상이 됐기 때문에 그렇겠지만, 이런 상황은 외국 역시 크게 다르지 않다. 여기에는 그 나름의 복잡한 사정이 있을 텐데, 어쨌든 이 둘의 관계를 살피기 위해서는 신중에 신중을 거듭할 필요성이 있다. 이 둘의 관계가 복잡하고 서로의 작은 차이가 크나큰 의미상의 차이를 낳기 때문이라기보다는, 자칫하면 아감벤과 드보르의 혁명적 기획을 동일시함으로써 두 사람 모두의 기획을 제대로 드러내지 못하게 될 위험이 있기 때문이다. 따라서 이런 위험을 피하기 위해 우리는 강력한 통찰력으로 가득 차 있는 이들의 세 가지 개념적 어휘를 (이들과 관련 있는 지적 계보와 더불어) 추적할 것이다. 그 어휘란 ① 스펙터클/상품물신주의, ② 분리, ③ 이미지/영화 등이다.

---

[3] 가장 최근의 언급으로는 다음을 참조하라. "드보르는 스펙터클-자본주의가 분리와 분할을 통해서 작동한다고 말한 바 있다. 명시적으로 드보르를 언급하고 있지는 않지만, 아감벤 역시 이와 유사하게 극한의 단계에 도달한 동시대 자본의 특징은 분리라고 주장한다." Catherine Mills, *The Philosophy of Agamben*, Montreal and Kingston: McGill-Queen's University Press, 2008, pp.126~127.

1) 스펙터클이란 무엇인가?

『목적 없는 수단』을 드보르에게 헌정하기도 한 아감벤은 드보르의 스펙터클 비판이 『스펙터클의 사회』와 『스펙터클의 사회에 관한 논평』(1988) 사이의 20년간 일어난 정치적·사회적 사건에 의해 그 정확함과 예견력, 그리고 진정성을 획득했다고 말하면서 글을 시작한다. 스펙터클의 사회가 스스로를 활짝 열어 보인 사례로 아감벤이 제시하고 있는 것은 진리와 텔레비주얼한 재현 사이의 경계가 희미해졌던 사건들, 즉 루마니아의 티미쇼아라 '혁명'에 관한 언론 공개보도와 톈안먼 사건 같은 것이다. 아감벤은 이런 사례야말로 "진정 거꾸로 뒤집혀져 있는 세계에서 진리는 거짓의 한 계기이다"[4]라는 드보르의 테제를 압축적으로 보여준다고 주장한다.

아감벤은 민주주의가 테러리즘을 빙자해 테러리즘의 의미를 빼앗아버린 스펙터클화에 예속된 이탈리아의 정치상황에 관해 말하기도 한다. 이탈리아는 서구 자본주의의 이처럼 특별한 국면이 수행된 '실험실'이라는 게 아감벤의 생각이다.[5] 실제로 아감벤은 스펙터클 사회의 사례로 실비오 베를루스코니

---

[4] 기 드보르, 유재홍 옮김, 『스펙타클의 사회』, 울력, 2014, 18쪽(§9). 이하 한국어판에서의 인용은 (다른 외국어 판본과의 비교를 위해서) 해당 쪽수가 아니라 해당 테제의 번호만을 인용문 뒤의 괄호 안에 표기한다.

[5] Giorgio Agamben, "Violence and Hope in the Last Spectacle," *Situationists: Art, Politics Urbanism*, ed. Libero Andreotti and Xavier Costa, Barcelona: Museu d'art Contemporani de Barcelona, 1996, p.75.

의 등장, 붉은여단 같은 극좌 행동주의의 진압을 언급한다(「이 망명지에서: 이탈리아 일기, 1992~94년」).6) 이런 점에서 아감벤의 '실험실'이라는 용어 역시 드보르를 상기시킨다. 왜냐하면 『스펙터클의 사회』의 이탈리아어 제4판 서문(1979)에서 알도 모로 사건의 매체화를 언급하며 스펙터클의 억압적 본성을 탐구한 드보르 역시 "한동안 프롤레타리아 혁명을 향해 미끄러지고 있는 이탈리아는 가장 선진화된 나라이기도 하지만 국제적 반혁명의 실험실이기도 하다"7)고 말했기 때문이다.

그렇다면 아감벤이 말한 '지난 20년간'의 정치적·사회적 사건들이 입증해준 드보르의 통찰이란 무엇일까? 즉, 드보르의 스펙터클 비판에서 우리(그리고 현대의 정치적 사유)가 물려받았고, 물려받을 수 있는 것은 무엇일까? 이 질문에 아감벤은 단호히 답변한다. 스펙터클이란 언어활동이자 의사소통의 권력, 혹은 인간의 언어적 본질인바, 이 말은 곧 **자본주의가 생산적 활동뿐만 아니라 무엇보다도 인간의 언어적·소통적 본성 자체까지**

---

6) 안토니오 네그리는 아감벤의 초기 저작과 이탈리아의 정치적 맥락 사이의 관계에 대해 시사적인 통찰을 제시한 바 있다. Antonio Negri, "Giorgio Agamben: The Discreet Taste of the Dialectic," *Giorgio Agamben: Sovereignty and Life*, ed. Matthew Colarco and Steven DeCaroli, Stanford, CA.: Stanford University Press, 2007.

7) Guy Debord, "Préface à la quatrième édition italienne de *La société du spectacle*," *Commentaires sur la société du spectacle*, Paris: Gallimard, 1992, p.143.

전유할 만큼 확장됐다는 뜻이라고.8) 그리고 바로 이에 대한 정확한 인식이야말로 우리가 물려받은 유산이라고 말이다.

"스펙터클은 이미지들의 집합이 아니라 이미지들에 의해 매개된 사람들 간의 사회적 관계이다"(§4), "스펙터클은 단순한 시선regard과 동일시될 수 없다. 이 시선이 청각과 결합되어 있다고 할지라도 말이다"(§18) 같은 드보르의 정의定義에도 불구하고, (물론 이 정의 같지 않은 '정의'도 문제이겠지만) 많은 사람들은 스펙터클을 이미지 또는 이미지들의 집합과 쉽게 혼동하곤 한다. 그러나 오히려 스펙터클은 "하나의 이미지가 될 정도로 축적된 자본"(§34)에 더 가깝다. 이런 점에서 드보르에 관한 모든 탁월한 연구들이 스펙터클을 칼 맑스가 분석했고 죄르지 루카치가 발전시킨 상품물신성(그리고 이와 결부된 소외)의 '최종적인' 형태라고 설명하는 것은 어쩌면 당연한 일이라고 하겠다.9) 아감벤이 1851년의 런던 만국박람회 당시 크리스털 궁전을 매혹적인 무대로 바꾼 "상품의 매혹적인 대상으로의 변형"을 설명하는 것도 이런 맥락에서이다.10)

---

8) Agamben, "Violence and Hope in the Last Spectacle," pp.78~79.

9) 대표적인 연구로는 다음을 참조하라. Anselm Jappe, *Guy Debord*, trans. Donald Nicholson-Smith, Berkeley, CA.: University of California Press, 1999. 특히 제1부를 참조할 것.

10) 『목적 없는 수단』에서 짧게 언급된 1851년의 런던 만국박람회 사례는 이미 다음의 책에서도 언급된 바 있다. Giorgio Agamben, *Stanzas: Word and Phantasm in Western Culture*, trans. Ronald L. Martinez, Minneapolis:

그렇지만 아감벤은 맑스의 상품물신성 분석을 헤겔주의의 불행한 유산이라며 다소 오만하게 거부했던 루이 알튀세르 식의 과학적 맑스주의, 더 근본적으로는 상품물신성을 노동력의 상품화와 관련해서만 분석했던 루카치보다 더 나아간다. 즉, 아감벤은 스펙터클을 언어 모델에 입각해 재해석한다.

사실 언어와 정치(혹은 권력)의 문제는 많은 이들에 의해 수차례 지적되어왔다. 일찍이 아리스토텔레스도 언어^{logos} 능력을 가진 유일한 동물인 인간은 언어에 근거해 선과 악, 옳고 그름을 인식하며, 그런 인식의 공유를 바탕으로 국가를 만든다고 말한 바 있다.[11] 이 말을 다른 식으로 풀어보면, 인간은 언어를 가진 한에서 정치적인 동물인 셈이다. 그러나 언어적 주체가 정치적 주체로, 인간이 언어를 매개 삼아 자연에서 폴리스로, 국민의 언어(국어)가 국가의 언어(국가어)로 이행해가는 과정은 보기와는 달리 자연적인 과정이 아니다.[12]

University of Minnesota Press, 1993. [윤병언 옮김,『행간: 우리는 왜 비현실적인 것에 주목해야 하는가』, 자음과모음, 2015.]

11) 아리스토텔레스, 천병희 옮김,『정치학』, 도서출판 숲, 2009, 제1권 1253a 10~18 이하를 참조하라.

12) Giorgio Agamben, *Language and Death: The Place of Negativity*, trans. Karen E. Pinkus and Michael Hardt, Minneapolis: University of Minnesota Press, 1991, pp.23~26. 언어가 근본적으로 정치적인 제도라는 사실, 특히 초창기 유럽에서 언어능력과 문자문명의 독점이 정치권력과 불가분의 관계에 있었다는 사실에 대해서는 다음의 글을 참조하라. 송기형,「공언어주의와 언어교육의 차등화에 관한 르네 발리바르의 연구」,『이론』(통권5호/여름), 1993. '근대 국민국가'의 형성에서 언어가 수행한

특히 후자와 관련해 아감벤은 야훼가 꿀과 젖이 흐르는 땅을 약속했던 '인민 중의 인민'을 국가(이스라엘)로 구성하길 원했던 시오니즘 운동이 바로 그런 국가를 건설하기 위해 국민의 언어(일상에서 쓰이는 다른 언어나 방언, 즉 라디노어나 이디시어)를 국가의 언어(교양용 언어, 즉 히브리어)로 통합했던 사실을 환기시키며 "언어, 인민, 국가가 사악하게 꼬여 있는 모습"(78쪽)에 특별히 주목을 요한 바 있다.

결국 언어는 인민과 국가, 더 나아가 인민과 세계를 임의로 연결하는 폭력적인 매개체인데, 맑스의 시대에 이런 언어의 역할을 대체한 것이 상품이었다면, 드보르의 시대(동시대)에는 스펙터클이라는 것이 아감벤의 해석이다. 스펙터클이 "이미지들에 의해 매개된 사람들 간의 사회적 관계"라는 드보르의 말, 스펙터클이 "언어활동, 소통가능성 자체 그리고 인간의 언어적 존재"(93쪽)라는 아감벤의 지적은 바로 이런 뜻이다.

그러나 이런 스펙터클 비판이 전후 자본주의의 발전에 적실하다는 이유만으로 아감벤이 드보르에 주목한 것은 아니다. 아감벤은 드보르의 논의에서 우리가 이미지에 무의식적으로 투입되는(빠져드는) 방식뿐만 아니라 **그 전도된 논리가 거꾸로 유토피아를 출현시킬 수 있는 수단을 제공하는 방식**까지도 읽어낸

역할에 대해서는 다음의 책을 참조할 것. 베네딕트 앤더슨, 윤형숙 옮김, 『상상의 공동체: 민족주의의 기원과 전파에 대한 성찰』, 나남, 2003.

다. 드보르가 보기에 우리는 다양한 형식의 극히 복잡한 물신론적 수준에 투입되어 있다. 하지만 이런 과정을 완전히 부정적인 것으로 간주해서는 안 되며, 오히려 18세기의 '편견'인 독단적 경험론으로부터의 긍정적 변동으로 간주해야 한다. (비록 훨씬 전에 시작되기는 했지만) 19세기 중반경에 등장해 어떤 대상의 '실제' 가치나 사용가치가 교환가치와 관련해볼 때 그다지 중요하지 않다고 믿게 만들었던 상품물신성과 그것의 급속한 발달은 18세기의 계몽 담론을 지배한 경험적 실재에 대한 믿음(사물과 가치 사이의 필연적 추론)이 의문에 부쳐졌던 바로 그 지점을 나타내기 때문이다. 그래서 아감벤은 이렇게 말한다. "상품물신성 이론은 상품이 변형시켜버린 인간이라는 대상을 검토하고, 스핑크스라는 상징적인 형상의 분석과 그 이야기를 통해 기호에 대한 서구의 성찰을 지배하는 기표/기의라는 원형적 상황에서 벗어날 수 있는 의미화작용의 모델을 발견하려는 시도에 어떤 틀을 제공해주는 모델이다."[13]

2) 분리: 불가능한 소통, 혹은 극한의 문턱

사실 아감벤이 언어 모델로 스펙터클을 재해석하는 것이 뜬금없는 일은 아니다. 드보르 자신(또한 상황주의자들)이 "언어 문제는 오늘날 소외를 끝장내느냐 보존하느냐 하는 모든 투쟁에

---

[13] Agamben, *Stanzas*, p.xviii. [『행간』, 15쪽.]

서 핵심에 놓여 있다"[14]라고 말하고 있기 때문이다. 왜 그럴까? 드보르에 따르면 언어는 글쓰기(문자언어)를 통해 "의식들 간의 매개 역할에서 독립된 절대적 실재성"을 얻게 됐는데, 그로 인해 "살아 있는 존재와의 직접적인 관계 속에서 전달되거나 전수되지 않는 의식"(§131)이 생겨났기 때문이다.

드보르의 분석에 따르면 "글쓰기는 지배자들의 무기이다. …… 글로 쓰여진 것[문서]은 국가의 사유이며, 문서보관소는 국가의 기억이다"(§131). 여기에서 드보르가 확인시켜주는 것은 국가-권력이 이 소외된 의식의 주인이라는 점인데, 우리가 훨씬 더 주목해야 할 부분은 언어가 글자(문자언어)를 통해 현실/삶과 분리됐다는 통찰이다. 언어 모델에 입각한 아감벤의 스펙터클 재해석에서 중요한 것이 바로 이 '분리'(또는 이 분리의 '동학')이다. 왜냐하면 언어-상품-스펙터클-주권의 작동방식을 가로지르는 비밀 역시 이 분리에 있기 때문이다.

앞서 인간이 언어를 매개 삼아 자연에서 폴리스로 이행해가는 과정이 자연스러운 과정이 아니라고 지적했지만, 사실 보다 근본적으로는 인간이 다른 동물들과 같은 단순한 목소리가 아니라 언어를 갖게 되는 과정 자체가 자연스러운 과정이 아니다. 아감벤에 따르면, 이 점을 잘 알고 있었던 아리스토텔레

---

14) "All the King's Men," *Guy Debord and the Situationist International: Texts and Documents*, ed. Tom McDonough, Cambridge, MA.: MIT Press, 2004, p.153. 재인용.

스는 이 자연스럽지 않은 과정을 설명하기 위해 글자를 도입한다. 즉, 인간은 글자라는 상징물을 통해 여느 동물들의 것과 다를 바 없었던 자신의 목소리를 분절해 의미를 부여하고 비로소 언어를 갖게 된다는 것이다.15) 이런 점에서 보면 글자는 분절된 음성(더 이상 목소리가 아닌 동시에 아직 의미를 가진 말이 아닌 '소리')의 등가물로서, 인간은 글자를 통해 목소리를 자기 자신으로부터 분리시키는 동시에 간직한다.

언어가 글자를 통해 목소리를 분리해냄으로써 독립성을 얻게 되듯이, 상품도 하나의 매개체를 통해 자신의 기원으로부터 떨어져 나올 때 독립성을 획득한다. 맑스가 탁월하게 밝힌 것처럼, 자본주의적 의미에서의 상품16)은 화폐라는 매개체가 인간의 생산적 활동을 분절함으로써만, 즉 한편으로는 상품이 아닌 인간의 생산적 활동능력 자체를 '상품화'하고, 다른 한편으로는 그것을 양화量化가능한(그리하여 비교·측정가능한) '노동'으로 전환시킬 때에만 등장한다. 이렇게 등장한 상품은 이

---

15) Agamben, *Laguage and Death*, pp.38~40.
16) 인류학자들은 자본주의적 생산양식이 존재하지 않았던 다른 사회에서는 인간의 생산물과 활동이 상품이 아니라 선물로, 다시 말해서 등가교환이 아니라 증여-답례의 형태로 서로에게 이전된다는 사실을 밝힌 바 있다. 바로 이 때문에 칼 맑스는 상품세계의 모든 신비, 즉 상품이 생명을 부여받아 자립적인 모습으로 나타나는 마법은 다른 생산양식으로 옮아가면 곧 사라져버린다고 말할 수 있었던 것이다. 이에 관해서는 다음의 책을 참조하라. 피에르 클라스트르, 변지현·이종영 옮김, 『폭력의 고고학』, 울력, 2002; 홍성흡 옮김, 『국가에 대항하는 사회』, 이학사, 2005.

제 인간관계의 매개체로서 완전한 독립적 실재성을 획득한다. 가령 화폐경제가 출현하기 이전의 시대에는 인격적 관계를 맺고 있는 사람들 사이에서 생산적 활동의 산물이 오고갔다. 그러나 화폐를 통해 상품을 교환할 수 있게 되자마자 인간은 자신과 아무런 관계도 없는 자, 전혀 모르는 자를 위해서 상품을 생산하고 판매하게 된다.

"스펙타클은 화폐의 다른 얼굴"(§49)이라고 말했을 때 드보르 자신도 스펙터클이 언어·상품과 공유하고 있는 이 분리의 구조를 간파한 것이었을 텐데, 그럴 수밖에 없는 것이 (드보르가 언급한 지적들 중 많은 이들이 곧잘 간과하고 있는 지적이지만) "분리는 스펙터클의 처음이자 끝"(§25)이기 때문이다. 스펙터클이 독립성을 획득하는 것은 이미지로 육화된 시각이라는 매개체가 인간의 지각을 분절할 때이다. 요컨대 현실/삶의 다양한 면모가 다른 감각이 아니라 시각이라는 감각을 통해서 한 단면만 포착되고 고착화될 때 비로소 스펙터클이 움직인다. **파편적으로** 주시된 현실이 …… [전체와 동떨어진] 별개의 거짓세계, 한갓 관조의 대상으로 펼쳐"질 때 "스펙터클 일반은 살아 있지 않은 것의 자율적 운동"(§2)을 개시하는 것이다. 이제 이미지라는 격자 안에 포함되지 않는 현실/삶은 인간의 정신에 도달하지조차 못하고, 격자화된 이미지들만이 세상을 파악하는 특권적인 창窓이 되어버리는 셈이다. 이렇게 스펙터클은 현실/삶을 시각적으로 부정한다(§10).

이런 점에서 스펙터클을 '시각의 독재'나 '시각의 특권화'로 보는 해석은 옳으면서도 틀리다. 먼저 이런 해석은 다른 감각이 아니라 시각이 전면에 등장했다는 사태를 가리킨다는 점에서는 옳지만 그 사태가 역사의 우연이라는 점을 은폐하기 때문에 틀리다. "스펙터클을 시각세계의 남용이나 이미지들을 대량으로 유포하는 기술의 산물이라고 이해해서는 안 된다"(§5)는 말의 뜻이 이것이다. 스펙터클의 등장은 현존하는 생산양식, 즉 자본주의적 생산양식의 결과이자 기획일 뿐이다(§6). 요컨대 이미지가 생명을 부여받아 자립적인 모습으로 나타나는 마법은 다른 생산양식으로 옮아가면 곧 사라져버린다.

　　보다 근본적으로 스펙터클의 비판에서 중요한 것은 시각이 전면에 등장했다는 사태가 아니라 그 결과, 즉 특정한 감각이 특권화됨으로써 인간의 지각능력 자체가 심각하게 왜곡되고 위기에 처했다는 결과 자체이다.[17] 만약 시각이 아니라 청각이 특권화됐다면 우리는 차라리 '수퍼소닉의 사회'나 '하이퍼소닉의 사회'를 말했을 테지만, 그렇다고 달라지는 것은 없다. 구체적인 양상이야 달라지겠지만, 현실/삶을 파악하는 인간의 지각능력에 문제가 생겼다는 결과는 그대로일 테니 말이다.

---

17) 이 점을 19세기 말~20세기 초에 대두된 '주목/주시'(attention)의 문제와 결부시켜 탁월하게 분석한 논의로는 다음을 참조하라. Jonathan Crary, *Suspensions of Perception: Attention, Spectacle, and Modern Culture*, Cambridge, Mass.: MIT Press, 1999.

궁극적으로 이 모든 분리는 이중의 과정을 거친다. 우선 글자, 화폐, 이미지는 목소리, 생산적 활동, 지각이라는 각자의 기원을 분절함으로써 언어, 상품, 스펙터클이 거기로부터 분리될 수 있는 토대를 마련해준다(기원과의 분리). 이런 분리에 근거해 인간들의 의식, 인격적 유대, 인식을 이어주는 특권적 지위를 차지하게 된 언어, 상품, 스펙터클은 결국 인간과 현실/삶을 분리하며 독립적 실재성을 획득한다(현실/삶과의 분리). 그리하여 이제 인간과 인간, 인간과 현실/삶의 소통(맑스의 표현을 빌리면 '교통')은 더 이상 가능하지 않을 뿐더러, 더 나아가 인간은 더 이상 세계를 직접적으로 파악할 수 없게 됐다.

아감벤은 이 사태를 '경험의 파괴'라고 불렀다. "오늘날 경험을 다루는 모든 논의는 다음의 사실을 인정하는 데서 출발해야만 한다. 이제는 경험에 더 이상 접근할 수 없게 됐다는 사실 말이다. 현대인들은 자신의 경험을 박탈당해왔다."[18] 최근에 아감벤은 이 사태를 '세계의 박물관화'라고도 불렀는데, 아감벤에 따르면 "오늘날 모든 것이 박물관이 되고 있다. 왜냐하

---

18) Giorgio Agamben, *Infancy and History: The Destruction of Experience*, trans. Liz Heron, London: Verso, 1993, p.13. [조효원 옮김, 『유아기와 역사: 경험의 파괴와 역사의 근원』, 새물결, 2010, 27쪽.] 이때 경험이란 발터 벤야민이 '체험'(Erlebnis)과 대비해 사용하는 '경험'(Erfahrung)이다. 체험이나 경험은 모두 인간이 '지나온 삶의 궤적'을 내포하지만, 인간이 그로부터 무엇인가를 배워서 지혜로워지고, 스스로를 바꾸고, 전통으로 전수할 수 있는 것은 체험이 아니라 경험이다.

면 이 용어는 [해당 대상의] 사용하기, 거주하기, 경험하기의 불가능성을 드러내 보여줄 뿐이기 때문이다."19) 그러므로 이제 우리에게 문제가 되는 것은 언어, 상품, 스펙터클의 지배를 뚫고 현실/삶과의 분리를 어떻게 극복할 수 있느냐, 어떻게 다시 현실/삶을 직접적으로 경험할 수 있느냐이다.

3) 반복과 정지: 스펙터클에 맞서는 이미지

첫 번째 분리과정에서 목소리가 글자에 의해 분리되면서도 분절된 형태(소리)로 언어 속에 보존되듯이, 그리고 생산적 활동이 화폐에 의해 분리되면서도 죽은 노동의 형태(자본)로 상품 속에 보존되듯이, 지각은 이미지에 의해 분리되면서도 격자화된 감각(시각)의 형태로 스펙터클 속에 보존된다. 또한 두 번째 분리과정에서도 언어, 상품, 스펙터클은 인간을 현실/삶으로부터 분리하면서도 결합한다. 단 "분리된 상태 그대로"(§29). 그렇다면 분리를 극복해 현실/삶과의 직접적인 소통을 회복하려는 시도는 무엇보다도 이 기이한 결합의 고리를 끊는 데서 출발해야 할 것이다. 아감벤의 말처럼 사유와 실천은 어떤 임의의 지점에서 이 고리를 끊을 때에만 시대에 대처할 수 있을 것이고, '도래할 정치'는 이런 연결을 끊고 출현하는 단절 속에

---

19) Giorgio Agamben, "In Praise of Profanation," *Profanation*, trans. Jeff Fort, New York: Zone Books, 2007, p.84. [김상운 옮김, 「세속화 예찬」, 『세속화 예찬: 정치미학을 위한 10개의 노트』, 도서출판 난장, 2010, 122쪽.]

서 모습을 드러낼 것이다. "거기에서 나는 나의 공간을 찾아야 한다. 다른 어떤 곳이 아닌 바로 거기에서. 나는 이런 의식에서 출발한 정치에만 관심이 있다"(150쪽).

아감벤은 이미지/영화에 대한 드보르의 사유에서 그 단초를 찾으려 한 바 있다.[20] 1995년 드보르에 관해 강연하면서 아감벤은 "영화 분야에서 드보르가 보여준 시학의 몇몇 측면, 혹은 합성기법"[21]을 정의하려고 한 적이 있다. 여기에서 주목해야 할 것은 아감벤이 영화와 관련지어 '시학'이라는 용어를 사용한다는 점이다. 왜냐하면 이것은 영화와 같은 특정한 미디어와 관련된 테크닉을 암시한다기보다는 미학적 구축의 일반적 형태를 암시하기 때문이다. 드보르의 영화가 힘을 갖고 있다면 그것은 그의 작품이 시네마토그래피적이 아니었기 때문이다. 따라서 아감벤은 드보르에게 '시네마토그래피적 테크닉'이

---

[20] 스펙터클을 이미지 또는 이미지들의 집합과 혼동하는 사람들은 곧잘 드보르가 이미지를 증오했다는 식으로 말한다. 그러나 스스로를 무엇보다 영화제작자로 즐겨 불렀던 드보르가 거부했던 것은 스펙터클에 봉사하는 이미지였을 뿐이다. Vincent Kaufmann, *Guy Debord: Revolution in the Service of Poetry*, trans. Robert Bononno, Minneapolis: University of Minnesota Press, 2006, pp.xv~xvi. [정기헌 옮김, 『기 드보르: 시에 복무하는 혁명』, 도서출판 난장, 근간.]

[21] Giorgio Agamben, "Repetition and Stoppage: Debord in the Field of Cinema," *In Girum Imus Nocte et Consumimur Igni: The Situationist International (1957~1972)*, ed. Stefan Zweifel, Juri Steiner, and Heinz Stahlhut, Zurich: JRP/Ringier, 2006, p.36.

라는 용어는 어울리지 않으며, 더 중요한 것은 드보르에게 영화가 역사로서 작동한다는 점이라고 말한다.

사실 드보르 자신이 "지나온 삶을 돌아볼 때 나는 시네마토그래피적 작품이라고 불리는 것을 만들 수 없었다"[22]라고 말한 바 있다. 실제로 『사드를 위한 울부짖음』(1952)부터 『우리는 밤중에 원무를 추다가 불에 타 사라지리라』(1978)까지 드보르의 영화는 통상적인 의미에서의 영화가 아니라 (대부분 드보르 자신의 목소리로 녹음된) 일련의 내레이션, (뉴스나 다른 영화에서 끌어온 동영상, 혹은 자체 촬영한 장면들을 동반한) 스틸, 그리고 배경음악으로만 이뤄져 있을 뿐이다. 드보르의 영화에는 등장인물도, 대사도, 사건도 없다. 그래서 차라리 영상 코멘터리, 그도 아니면 그냥 '필름'이라고 말하는 게 더 적절하다.

아감벤의 설명에 따르면 이런 드보르의 영화는 '반복'과 '정지'를 핵심 원리로 갖는 몽타주이다. 아감벤에게 반복이란 항상 회귀의 문제이지 동일성의 문제가 아니다. 즉, 반복은 예전과 똑같은 것이 그대로 되돌아오는 것이 아니라 다른 것이 될 수 있었던 예전 것의 잠재성이 새롭게 드러나는 조건이다. "실

---

[22] Guy Debord, "In Girum Imus Nocte et Consumimur Igni," *Complete Cinematic Works: Scripts, Stills Documents*, trans. Ken Knabb, Oakland, CA.: AK Press, 2003, p.150. 드보르가 찍은 6편의 영화는 『아주 짧은 시간을 거친 몇몇 사람들의 행로에 관하여』(1959)를 제외하고 위뷔닷컴 (전 세계 아방가르드 예술이론과 예술작품의 아카이브)에서 무료로 볼 수 있다. www.ubu.com/film/debord.html

제적인 것을 가능적인 것으로, 가능적인 것을 실제적인 것으로 변형"23)하는 것, 그것이 바로 반복이다. 일찍이 벤야민은 고속촬영(슬로우 모션)에 관한 탐색을 통해 이런 변형과정을 발견한 바 있다. 벤야민에게 고속촬영은 촬영된 동작의 친숙한 성질뿐만 아니라 전혀 알려지지 않은 모티프들, 가령 "미끄러지는 듯한, 공중에 떠 있는 듯한, 그리고 이 세상 밖에 있는 듯한 움직임"까지 볼 수 있게 해준다. 이렇듯 카메라는 인간의 의식에 무의식이 작용하는 공간을 창출함으로써 육안으로는 볼 수 없는 대상의 상이한 본성을 드러낸다.24)

영화가 역사로서 작동한다는 아감벤의 말은 바로 이런 변형의 역량에 주목한다. 아감벤은 역사를 메시아적으로 포착하려는 벤야민의 변증법적 이미지와 관련지어 이 점을 설명한다. 벤야민에게 변증법적 이미지는 "역사적 경험의 본질 자체"인바, 이 "역사적 경험은 이미지에 의해 획득되며, 이미지 자체는 역사로 충전된다." 이때 '역사적'이라는 용어는 메시아적 역사 개념과 관련되어 있는데, 이런 역사 개념 속에서 이미지는 "메

---

23) Agamben, "Repetition and Stoppage," p.37.
24) "영화는 …… 우리가 전혀 상상하지 못했던 엄청난 유희 공간을 확보해 주게 된다. …… 우리는 정신분석학을 통해 충동의 무의식적 세계를 알게 된 것처럼 카메라를 통해 비로소 시각적 무의식의 세계를 알게 된다." 발터 벤야민, 최성만 옮김, 「기술복제시대의 예술작품」, 『기술복제시대의 예술작품/사진의 작은 역사 외』, 도서출판 길, 2007, 138~139쪽.

시아가 진입해 들어오는 문이다." 실재적 운동을 제시하는 동시에 상이한 기능의 가능성까지 알려주고, 신체를 단순히 재현하는 것만이 아니라 실제적이게 만들기도 하는 반복은 우리에게 정지의 감각을 부여한다. 여기에서 우리는 우리가 화면에서 보고 있는 것이 재현과는 다른 어떤 것이라는 점을, 역사의 연속체라는 것이 중단되어 있음을 비로소 발견한다. 이때에야 메시아가 진입해 들어올 문이 열리게 되는바, 벤야민이 말하는 영화의 변증법적 잠재력은 바로 이런 문을 여는 역량이다.

아감벤은 폴 발레리가 정의한 시, 즉 "소리와 뜻 사이의 기나긴 망설임"으로서의 시와 정지를 관련지어 이 점을 설명한다. 산문이 서사(지속)에 의존한다면 시와 같은 운문은 정지로 인해 서사와 구별된다. 그래서 아감벤은 발레리의 말을 되받아 영화를 이렇게 정의한다. "영화, 혹은 적어도 어떤 종류의 영화는 이미지와 뜻 사이의 기나긴 망설임이다."[25] 요컨대 정지는 이미지라는 매개체와 서사라는 형식 사이에 나 있는 균열을 관조하게 만든다. 이런 점에서 드보르의 영화는 '낯설게 하기'를 핵심으로 하는 베르톨트 브레히트의 서사극과 닮았다. "지금까지 수많은 급진적 영화제작자들은 관객을 주인공 혹은 플롯과의 수동적인 동일시에 빠뜨리기보다는 관객을 도발시켜 생각하게 만들고 자신들 스스로를 위해 행동케 한다는 브레히트의

---

25) Agamben, "Repetition and Stoppage," p.37.

생각에 말로만 호의를 보였다. 브레히트의 이런 목적을 실현시킨 인물은 실질적으로 드보르가 유일하다."26)

이런 반복과 정지의 영화 속에서 이미지는 다른 어떤 것의 재현이 아니라, 재현가능성 자체("무엇인가를 재현한다"는 사실 자체)로 등장한다. 몽타주 이론의 선구자 레프 쿨레쇼프의 실험으로 유명해진 '쿨레쇼프 효과'에 따르면, 이미지 A의 의미는 그 이전에 어떤 이미지(B, C, D……)가 오느냐에 따라 달라진다. 이때 이미지 A가 통상적인 영화에서처럼 다른 이미지들과 이어져 시퀀스를 이루지 않는다면(반복과 정지의 상태에 있다면), 다른 이미지들과 함께 어떤 의미를 실현시키며 사라지는 매개체가 되지 않는다면, 잠재적으로 이미지 A의 의미는 무한하다. 아감벤은 이처럼 제시되는 이미지는 더 이상 그 어떤 것의 이미지가 아니라고 말한다. 그것은 그 자체로 이미지-없음으로서의-이미지이다. 왜냐하면 무엇이든 지시하는 기호조차 그 자신이 의미화과정에 있다는 사실 자체는 의미화할 수 없듯이, "이미지가 만들어낼 수 없는 유일한 이미지는 자신이

---

26) Ken Knabb, "Introduction," *Complete Cinematic Works: Scripts, Stills Documents*, trans. Ken Knabb, Oakland, CA.: AK Press, 2003, p.viii. 예컨대 전설로 회자되고 있는 『사드를 위한 울부짖음』의 마지막 장면, 즉 아무것도 보이지 않는 흑백 화면을 배경으로 24분 동안 아무런 소리도 나오지 않았던 장면이 관객들에게 끼친 충격과 놀라움, 그리고 그 의도와 효과에 대해서는 다음을 참조하라. Kaufmann, *Guy Debord*, pp.21~31. [『기 드보르』, 근간.]

이미지로 존재한다는 사실의 이미지"[27]이기 때문이다. 아감벤
이 이런 이미지-없음으로서의-이미지로 예를 드는 또 다른 사
례는 포르노그래피와 광고이다. 무희가 기하학적 스펙터클을
펼쳐 보이는 나일론 스타킹 광고, 카메라를 똑바로 응시하는
포르노 여배우가 좋은 사례이다. 이런 포르노그래피와 광고가
재현하는 것은 스펙터클이 실재적인 것을 부정적으로 변형시
키는 방식, 요컨대 실재적인 것의 순수한 이미지 뒤에는 보이
는 것보다 훨씬 더 많은 것이 놓여 있다고 암시하는 그런 이미
지이다. 포르노 여배우가 카메라를 응시하는 것은 그녀의 진짜
관심이 파트너가 아니라 자신을 보고 있는 우리 구경꾼임을 암
시한다. 이렇게 포르노 여배우의 신체 자체는 더 이상 실재적
인 것이 아니라 수단, 즉 재현의 매개를 가리키는 이미지가 된
다.[28] 그러므로 상품화된 신체를 바라보면서 우리가 현실적으

---

[27] Agamben, "Repetition and Stoppage," p.38.
[28] "자본주의가 스펙터클로 제한하고 싶어 하는 인간 본성의 역사적 변형
을 전유하기, 이미지와 신체가 더 이상 분리될 수 없는 공간에서 양자
를 서로 연결시키기, 따라서 유사성을 그 퀴지스로 갖는 임의의 신체를
벼리기. 이것은 인류가 쇠퇴 중인 상품들에서 떼어낼 방법을 배워야 하
는 미덕이다. 고용된 문상객처럼 상품을 무덤까지 호위하는 광고와 포
르노그래피는 인류의 새로운 신체를 끌어낼 알려지지 않은 산파이다."
Giorgio Agamben, "Dim Stockings," *The Coming Community*, trans.
Michael Hardt, Minneapolis: University of Minnesota Press, 1993, p.50.
[이경진 옮김, 「딤(DIM) 스타킹」, 『도래하는 공동체』, 꾸리에, 2014, 74쪽.]
다음도 참조하라. "어느 포르노 스타[클로에 데 뤼세]는 최근 이런 방법
을 극단으로까지 밀어붙였다. …… 그녀는 누구에게 무관심할까? 자신의

로 보고 있는 것은 연약한 인간의 신체를 덮는 동시에 이를 대체하는 신체의 이미지이다.

스스로 이미지임을 드러내는 이미지, 혹은 항상 보이는 것보다 더 많은 것이 있다고 암시하는 이미지. 이미지-없음을 드러내는 이 두 가지 방식의 사이 어딘가에서, 바로 이 차이 어딘가에서 "영화의 윤리와 정치가 작동하기 시작한다"29)라고 아감벤은 말한다. 드보르가 스펙터클과 단절할 수 있는 계기로 생각한 '상황' 역시 (이미지가 오직 재현가능성 자체로 등장하는) 이런 순수 가능성의 지점에서 구축되리라는 것이 아감벤의 생각이다. 독특함과 반복이 서로 구별될 수도 없고 차이도 없는 지대, 무엇인가가 반복되지만 오직 독특한 것으로서만 반복되는 지대로서의 '상황'이야말로 기존에 존재하던 것에서 벗어나 그것을 완전히 새로운 것으로 변모시킬 수 있는 탈-창조 de-creation의 계기일 것이라는 설명이다.30) 사실 기존의 삶의 조

파트너에게 무관심하다는 것은 확실하다. 하지만 관객들에게도 무관심하다. 관객들은 자신이 시선에 노출되어 있음을 알고 있음에도 스타인 그녀가 자신들과 최소한의 공모관계조차도 갖고 있지 않다는 것을 발견하고는 놀라게 된다. 전혀 감정이 실리지 않은 뤼세의 얼굴은 …… 더 이상 아무것도 표현하지 않으며, 그 어떤 표현의 암시도 없이 하나의 장소로서, 순수 수단으로서의 자신을 보여준다." Agamben, "In Praise of Profanation," pp.90~91. [「세속화 예찬」, 132~134쪽.]

29) Agamben, "Repetition and Stoppage," p.38.
30) Agamben, "Repetition and Stoppage," p.37.

건과 단절하기, "실제적인 것을 탈-창조하기"가 아니라면 도대체 저항이란 무엇일 수 있겠는가?

3. 몸짓에 관한 노트: 장치를 통한 신체의 생명정치화

아감벤은 이미지-없음으로서의-이미지라는 역설적 개념을 통해 스펙터클 안에서 스펙터클에 맞설 가능성이 생겨날 수 있음을 보여준다. 요컨대 스펙터클은 스펙터클에 반대되도록 쓰일 수 있는 긍정적인 가능성을 포함한다. 아감벤은 언어가 외부의 지시대상을 가리키거나 뭔가 의미를 전달하는 매개체이기를 그치고 전달가능성 자체, 즉 말하고 있다는 사실$^{factum\ loquendi}$ 자체로 드러나는 순간에 '사유'가 탄생함을 강조한 바 있다. 이런 순간이 가능한 이유는 언어 안에서 음성과 분절된 말, 랑그와 파롤, 기호적인 것과 의미론적인 것이 분열되어 있기 때문이다. 언어가 흔히 사람들이 생각하는 이런저런 목적 따위는 아랑곳하지 않는 순수 수단이 되는 이 순간에 우리는 이 목적 없는 수단으로 우리가 하고 싶은 말을 할 수 있는 것이다. 이제 관건은 이 **자유로운 사용**$^{uso\ libero}$의 가능성을 창출하는 것이다.

결국 아감벤이 언어경험$^{experimentum\ linguae}$이라고 부르는 이 순간을 반복과 정지라는 테크닉으로 자신의 영화에서 창출했을 때 드보르는 자신의 '정치'를 수행한 셈이다. 그래서 아감벤은 이렇게 말한다. 이제 **"정치란 매개성을 드러내 보이는 것, 수**

단 그 자체를 눈에 보이게 만드는 것"이라고. 정치에 관한 아감벤의 이런 정의를 받아들인다면 이제 문제는 언어와 스펙터클뿐만 아니라 궁극적으로는 법과 국가에 이르기까지 현실/삶과 우리를 분리된 상태 그대로 결합시키는 일체의 매개체를 어떻게 자유로운 사용을 위한 순수 수단으로 변형시키느냐, 그리하여 어떻게 "인간 사유와 행위의 장으로서의 목적 없는 순수 매개성의 영역"(127~128쪽)을 창출할 것이냐이다.

1) 몸짓의 상실

정치에 관한 아감벤의 정의가 야기하는 문제를 살펴보기 위해서, 「몸짓에 관한 노트」라는 텍스트를 거쳐 약간의 우회해보자. 이 글은 아감벤이 부르주아적 몸짓의 상실이라고 서술한 풍경으로부터 시작한다. 아감벤은 프랑스의 신경학자 질 드 라 투레트가 인간 보행에 관해 실시한 1886년 연구, 그리고 이와 유사한 오노레 드 발자크의 1833년 연구를 비교하며 전자에게는 "시네마토그래피를 예고했다고 볼 수 있는 시선"이 존재한다고 말한다. 문제가 되는 것은 바로 이 특별한 종류의 시선인데, 아감벤은 라 투레트의 생리학적 연구를 장-마르탱 샤르코, 에드워드 머이브리지, 에티엔-쥘 마레의 유명한 사진술 연구와 겹쳐 읽으며 이런 영화적 시선 자체는 살아 있는 신체를 그 고유한 대상으로 삼을 뿐만 아니라, 신체에 대한 특정한 분석양식과 서술양식도 갖고 있음을 지적한다.[31]

더 쉬운 사례로는 범죄자의 육체적 특징을 담은 알퐁스 베르티옹의 비교사진술 차트와 산업적 효율성을 높이기 위해 프레데릭 윈슬로 테일러가 실시한 동작 연구가 있을 것이다. 파리 코뮌 가담자들을 검거하는 데 처음 사용된 이래 점점 더 종잡을 수 없게 된 인구(범죄자, 노동자)를 감시하고 통제하는 유용한 도구가 된 사진은, 베르티옹과 테일러를 거치며 사람들의 몸짓에 담긴 일체의 개별적 표현을 분석해내고 그것을 완벽하게 동질적·효과적으로 동기화된 운동으로 만드는 데까지 이르렀다. 그렇지만 어떤 의미에서 보면 아감벤이 얼핏 스쳐 지나가면서 언급하는 마레야말로 이런 노력의 가장 전형적인 사례라고 할 수 있을 것이다. 사회적·문화적 근대성을 앞당겨 체현한 인물이라 할 수 있는 마레의 작업에서는 인간 동작에 관한 생리학적 탐구가 사회위생학이라는 유토피아적 꿈과 새로운 영상처리기술 개발이라는 꿈으로 수렴됐기 때문이다.

1866년부터 마레는 콜레주드프랑스에서 "유기체의 자연사"를 강의하게 된다. 그러나 강의명이 암시하는 바와 달리, 실증주의적 낙관론으로 가득 차 있었던 마레는 연구대상의 내부

---

31) 따라서 영화적 시선은 주체의 행동양식을 특정한 방식으로 (재)생산하기도 한다. 판옵티콘이라는 개념으로 시선과 주체화의 관계를 분석한 고전적인 연구로는 다음을 참조하라. 미셸 푸코, 오생근 옮김, 『감시와 처벌』(개정판), 나남, 2016. 한편, 푸코의 테제를 정정하면서 훌륭하게 보완하는 작업으로는 다음을 참조할 것. 조나단 크래리, 임동근 외 옮김, 『관찰자의 기술: 19세기의 시각과 근대성』, 문화과학사, 2001.

성이나 비가시성은 과학적 지식의 장애물이 아니라고 생각했다. 실제로 마레는 라 투레트보다 14년 앞서 비슷한 연구결과를 발표했고, 심전계를 비롯해 몇몇 주요 의료영상처리장치를 개발하기도 했다. 그렇지만 마레가 중요한 이유는 무엇보다 고속카메라 같은 동체사진용 기계를 개발했기 때문이다. 신체운동을 각 단계별로 영상처리하는 동체사진은 운동의 세부 움직임을 파악할 수 있는 실로 이상적인 도구였다. 무엇보다 동체사진은 인간 시각의 결함을 메운다. 육안보다 빠른 카메라의 기계적 눈은, 너무 빨라서 인간이 육안으로는 감지할 수 없는 움직임 속에서도 매 순간 신체를 포착해낸다. 그래서 동작 전체를 각 단편들로 분할해 재구축할 수 있게 해준다.

몸짓의 상실은 바로 이것, 즉 신체를 이해/파악하는 수단이 변동됐음을 지칭한다. 몸짓에 관한 내적이거나 외적인 지각(그럼에도 여전히 인간적인 지각)으로부터 과학기술적 분석에 의한 몸짓의 포착으로의 변동. 따라서 우리는 마레를 생명정치, 특히 이미지를 통한 신체의 생명정치화에서 선구적 인물이라고 볼 수 있다(실제로 마레의 어떤 학생은 마레가 생리학자나 의사가 아니라 삶의 엔지니어였다고 말한 바 있다). 왜냐하면 마레는 근대성의 통합된 스펙터클을 구성하는 과학적·미학적·(생명)정치적 영역들이 수렴되는 지점이기 때문이다. 마레는 과학, 특히 생명과학이 정치적·경제적 문제를 해결할 수 있고 해결할 것이라고 믿었다. 결국 마레의 동체사진술은 (자본주의적인 민주주의 국가뿐만 아니라 파시스트 국가에서도) 사회생활의 모든 영역으로 파급되어 피로감을 줄이고 생산성을 증대시키려는 흐름을 산출하게 됐다. 이런 점에서 마레야말로 생명정치적 유토피아의 차원을 가장 극명하게 보여준 것은 아닐까?

이렇게 부르주아지는 한때 자신이 소유했던 것, 즉 몸짓을 양도하게 됐다. 부르주아지의 몸짓이 영화적 시선에 의해 노출되고 분석되어 몰락함과 동시에 표현과 의사소통의 동적 이미지 역시 노출되면서 분해되고 재수립된다. 이 과정에서 탄생한 소외된 인공물artifacts로서의 신체는 이제 '해독가능한 것'이 되며, 결국 서구 세계는 몸짓의 위기, 더 나아가 인간 자신의 의미와 해석의 위기에 사로잡히게 됐다는 것이 아감벤의 주장이다. 물론 인간은 여전히 몸짓을 만들어내고 있고 만들 수 있다. 그러나 아감벤은 부르주아지의 사적 세계에서 일어났던 것이 어떻게 공적 영역으로 나아갔는지, 공적 영역이 신체를 어떻게 관통하고 신체 내부에서 어떻게 작동하는지에 주목하라고 주문한다. 이미지를 통한 몸짓의 이런 전유가 20세기 초에 출현한 생명정치의 근대적 변종과 겹쳐져 끔찍한 전형에 도달하기까지는 불과 몇 년밖에 안 걸렸다.

아감벤의 주장에서 중요한 것은 몸짓의 상실이 **일상적으로** 일어난다는 것, 이런 상실이 일상생활의 경험에서 일종의 트라우마에 해당하는 것을 구성한다는 점이다. 이 상실은 이미지, 과학, 혹은 정치의 어느 영역에서 '단순하게' 일어나는 어떤 일이 아니다. 라 투레트가 인간 보행을 연구하기 1년 전 공조운동실조(어떤 특정한 동작을 할 때 여러 근육을 종합적·조직적으로 사용하지 못하는 증상으로서 다양한 운동·음성 경련을 동반한다) 현상을 발표한 이래로 수천 가지나 관찰된 경련, 경기, 단속적 운동 등은 20세기 초에는 더 이상 기록되지 않았다. 아감벤은 이 사실에서 전율스러운 결론을 이끌어낸다. 어느 순간부터 모든 사람들이 자신의 몸짓에 대한 통제를 상실했다고, 이제 몸짓의 파국은 규범이 됐다고 말이다.

2) 몸짓의 회복

몸짓의 상실이라는 테마는 인간과 현실/삶의 분리라는 테마의 변주로서 아감벤의 모든 텍스트는 이 근본적인 상실, 이 근본적인 분리를 어떻게 극복하느냐를 다룬다고 볼 수 있다. 그러나 몸짓(또는 몸짓의 회복)에 관한 아감벤의 사유는 언어경험에 대한 사유가 인간이 사유할 수 있는 가능성을 찾는 데서 특권적 지위를 차지하듯이, 인간이 실천할 수 있는 가능성을 모색하는 데서 특권적 지위를 차지한다. 모든 실천의 주체, 즉 새로운 세계를 열어젖히고 그 안에서 삶을 영위할 것은 바로 신체를 지닌 존재로서의 인간일 것이기 때문이다. 결국 "정치란 …… 인간의 절대적이고 전면적인 몸짓성의 영역"(72쪽)이다.

그렇다면 우리는 어떻게 잃어버린 몸짓을 되찾을 수 있을까? 무엇을 어떻게 시작할 수 있을까? "몸짓은 항상 그 단어의 가장 적합한 의미에서 개그^{gag}이다"라는 아감벤의 말을 실마리로 삼아보자. 아감벤이 지적하듯이 흔히 개그는 "기억에 구멍이 났거나 말이 안 나올 때 얼버무리려고 배우가 즉흥으로 하는 연기"를 뜻하지만, "무엇보다도 말을 막으려고 입을 틀어막는 것"을 뜻한다(71쪽). 모든 이미지가 이미지-없음으로서의-이미지가 아니듯이, 모든 몸짓이 개그인 것은 아니다. 따라서 아감벤에 따르면 자기 자신을 향한 이 입 막음, 즉 침묵(무성성)의 역량을 되찾을 때 비로소 몸짓은 개그가 된다.

서사극 배우들의 몸짓에 대한 벤야민의 해석은 이 침묵의 역량이 무엇인지 유추할 수 있게 해준다. 벤야민은 이렇게 말했다. "'몸짓을 인용가능한 것으로 만든 것'은 서사극의 주목할 만한 성과 중 하나이다. 배우는 식자공이 활자들을 떼어놓듯이 자신의 몸짓을 떼어놓을 줄 알아야 한다."[32] 벤야민에 따르면 인용의 기초는 '중단'이다. 무엇보다도 "하나의 텍스트를 인용한다는 것은 그 텍스트의 상관관계를 중단시킨다는 뜻을 내포"하고 있기 때문이다. 이어서 벤야민은 "서사극의 텍스트를 인용할 수 있다는 것은 특별한 의미가 없을지도 모른다. 그러나 연극의 진행과정을 나타내는 데 적합한 몸짓에 관한 한 사정은 다르다"[33]라고 덧붙이는데, 우리는 이 말을 이렇게 고칠

---

[32] 발터 벤야민, 반성완 옮김, 「서사극이란 무엇인가?」, 『발터 벤야민의 문예이론』, 민음사, 1983, 57~58쪽.

수도 있다. "연극의 몸짓을 인용할 수 있다는 것은 특별한 의미가 없을지도 모른다. 그러나 삶/사유의 진행과정을 나타내는 데 적합한 몸짓에 관한 한 사정은 다르다."

벤야민이 말한 몸짓의 인용은 배우가 장면 A에서 보여준 자신의 몸짓을 장면 B에서 스스로 반복하는 것을 의미한다. 그렇게 함으로써 서사극의 배우는 줄거리를 전개시키기보다는 상황을 드러내줘야 한다. 간단히 말해서 관객이 극에 몰입하도록 만드는 대신 주인공을 감싸고 있는 상황에 놀라도록 만들어야 한다. "여기서 드러낸다는 것은 …… 상황의 재현과는 다르다. 중요한 것은 상황을 처음으로 **발견**하는 일이다."[34] 낯설게 하기란 이 '발견'과 다르지 않는데, 이것이 의도하는 바는 상황을 다르게 바라보는 시선이다.

> 어떤 사건이나 캐릭터를 낯설게 한다는 것은 …… 그로부터 자명성과 친숙성의 외관을 박탈하는 것, 그래서 그에 대한 경악과 호기심을 불러일으키는 것을 의미한다. …… 관객은 이제 무대 위의 인간을 더 이상 운명에 무기력하게 내맡겨진 고정 불변의 인간으로 여기지 않게 됐다는 점이 중요하다. …… 마찬가지로 인간이 처한 상황도 지금과는 다른 모습으로 상상

---

33) 벤야민, 「서사극이란 무엇인가」, 57쪽.
34) 벤야민, 「서사극이란 무엇인가」, 56~57쪽. 강조는 인용자.

해볼 수 있을 것이다. …… 연극은 이제 더 이상 관객을 도취시키거나 그에게 환상을 심어줌으로써 세계를 망각하도록 하거나 운명과 타협하도록 만들지 않는다. 연극은 이제 관객에게 세계를 움켜쥘 수 있는 것으로 제시한다.[35]

서사극의 배우는 관객들에게 이런 발견의 계기를 제시하기 위해서 어떤 사실을 보여주는 동시에 자기 자신을 보여줘야 한다. 요컨대 자신이 연기하고 있다는 사실을 관객들에게 보여주는 동시에 자기 자신도 냉정한 정신상태를 유지하고 있어야 한다. 우리는 이 점을 아감벤의 말을 통해서 이해할 수 있을 것이다. "몸짓은 매개성을 전시하며, 수단을 그 자체로 보이게 만든다. 몸짓은 인간의 '매개-안에-있음'을 나타나게 한다." 그리고 거꾸로 우리는 브레히트가 자신의 서사극으로 노린 효과를 통해서 몸짓이 "'매개-안에-있음'을 위한 윤리적 차원을 열어젖힌다"(69쪽)는 아감벤의 말을 이해할 수 있을 것이다.[36]

---

[35] 베르톨트 브레히트, 김창주 옮김, 『새로운 예술을 찾아서: 브레히트 탄생 100주년을 기리며』, 새길, 1998, 236~238쪽.

[36] 우리는 여기서 브레히트-벤야민이 일종의 테크닉으로서의 중단/정지를 강조한다면, 아감벤은 일종의 존재론적 중단/정지를 강조한다는 차이점을 지적해야 할 것이다. 한편으로 이 차이는 실천의 능동성과 수동성(그러나 이때에도 이 수동성은 '적극적' 수동성이라는 아감벤 사유 특유의 역설적 형태를 띠고 있음에 유의하라)의 차이일 수도 있고, 다른 한편으로 네그리와 아감벤의 차이일 수도 있다. 이 차이를 해명하려면 별도의 글이 필요할 텐데, 우리는 그 사전 준비작업으로 다음의 글을 참조할 수 있을

"벤야민 이후 20세기 최고의 독일 비평가"라고 자신이 소개한 막스 코메렐에 관한 소개글에서, 아감벤은 몸짓에서 중요한 것은 그 안에 담긴 전前언어적 내용이 아니라 언어의 다른 측면, 곧 인류의 언어능력 자체에 내재한 침묵, 언어에 말없이 머물기라고 말한 바 있다.37) 결국 몸짓을 통해 우리가 교환하는 것은 어떤 메시지가 아니라 소통가능성 자체라는 지적이다 ("몸짓은 소통가능성의 소통이다"). 이런 몸짓은 우리로 하여금 언어, 나이, 성별, 국적, 피부색과 무관하게 순수 소통가능성에 기초해 도래할 공동체의 구성을 주장할 수 있도록 해주기 때문에 정치적이다. 진정한 공동체는 어떤 종류의 전제나 귀속조건에도 기초할 수 없다. 바로 이것이 아감벤이 말하는 '도래하는 공동체'이다. '도래하는 공동체'에서도 결국 공통의 코드가 만들어지지 않겠는가라고 반문할 수 있겠다. 하지만 '목적 없는 수단'을 '끝없는 중간/매개체'로 읽을 수 있듯이, 몸짓과 소통가능성 자체에서 중요한 것은 그것이 끝없이 계속되는 매개

것이다. 양창렬, 「아감벤의 잠재성 개념과 그것의 정치적 함의」, 『자율평론』(제19호/겨울), 2007; Thomas Carl Wall, *Radical Passivity: Levinas, Blanchot and Agamben*, Albany: State University of New York Press, 1999. 우리는 여기서 아감벤을 그의 후기 저작(특히 『장치란 무엇인가?』와 『세속화』)과 관련해 적극적으로 읽으려고 했다는 점을 밝혀둔다.

37) Giorgio Agamben, "Kommerell, or On Gesture," *Potentialities: Collected Essays in Philosophy*, ed. Daniel Heller-Roazen, Stanford, CA.: Stanford University Press, 1999, p.78. [김상운·양창렬 옮김, 「코메렐, 또는 몸짓에 관하여」, 『사유의 역량』, 도서출판 길, 근간.]

자체라는 것이다. 그런 공동체 내에서 우리는 (법이든 문법이든) 코드를 소유하는 것이 아니라 그저 활용할 뿐이다.

3) 무능력의 능력

'도래하는 공동체'를 구축하는 데 있어서 문제는 질적인 개선에 있는 것이 아니라 완전히 다르게 설정된 목적에 있을 것이다. 요컨대 똑같은 목적을 개선된 방식으로 실현하는 것이 아니라 어떤 다른 목적을 실현하는 게 문제이다. 상황을 다르게 바라보는 시선, 그래서 그 상황에 경악과 호기심을 느끼는 시선이 중요한 것도 바로 이 때문일 텐데,38) 흥미롭게도 브레히트는 이와 같은 '새로운 운동의 계기'로 '무능력'을 꼽았다. "서사극이 생겨난 것은 무능력한 몇몇 극작가들, 즉 전통적인 방식에 따라 작품다운 작품을 만들어낼 능력이 없었던 소수의 극작가들 덕택이었다고 해도 과히 그른 말이 아니다. …… 어떤 특정한 것을 행할 능력이 없다는 것은 실제로 무언가 다른 것을 해낼 수 있다는 데 대한 선제조건이 된다."39)

---

38) 이와 관련해 가라타니 고진은 맑스의 '다르게 보는 시선'을 강조한 바 있다. "『자본』이라는 작품이 탁월한 이유는 자본제생산의 비밀을 폭로한 데 있는 것이 아니라, 이렇게 흔하디 흔한 상품의 '아주 기괴한' 성질에 대해 맑스가 놀랐다는 데 있다. …… 기성 경제학체계는 평범한 상품을 기괴한 것으로 보는 눈에 의해 무너진 것이다." 가라타니 고진, 김경원 옮김, 『마르크스 그 가능성의 중심』, 이산, 1999, 23쪽.
39) 브레히트, 『새로운 예술을 찾아서』, 256~258쪽.

"만일 오늘날 사회적 역량이라는 것이 존재한다면, 그 역량은 자신의 무능력의 끝까지 가봐야 한다"(124쪽)라는 아감벤의 비의적秘意的인 문구도 이런 맥락에서 보면 이해하기 쉽다. 아리스토텔레스의 『형이상학』을 분석하며 아감벤은 힘/능력의 곁에는 무력/무능력im-potentia이 있다고 말한 바 있다.[40) 예를 들어보자. 우리의 눈에는 외부 대상을 볼 수 있는 능력이 있다. 그러나 외부 대상이 주어지지 않거나 우리가 어두운 방 안에 있다면 우리의 눈은 감각작용을 하지 않는다. 그렇다고 감각능력 자체가 사라지는 것은 아니다. 감각능력은 여전히 잠재태로 존재한다. 따라서 접두사 '무'im-는 단순한 부정이 아니라 결여sterēsis, 박탈된 상태에 있음을 의미한다. 즉, 이런 상황은 잠재성이 현실성으로 이행하지 않는 상황이기도 한데, 아감벤은 여기에서 목적이 사라진다는 것에 주목한다. 흔히들 "눈은 보라고 있는 것"이라고 말한다. 이 말은 눈의 존재 목적이 외부 대상을 보는 활동에 있으며, 외부 대상을 본 눈이 곧 시각능력의 현실태라는 아리스토텔레스적인 목적론을 전제한다. 그러나 어둠 속에서 외부 대상이 부재할 때, 우리의 눈은 목적 혹은 현실태가 아니라 우리 눈 자체, 즉 수단 자체로 향한다.

---

40) Giorgio Agamben, "On Potentiality," *Potentialities: Collected Essays in Philosophy*, ed. Daniel Heller-Roazen, Stanford, CA.: Stanford University Press, 1999, pp.177~184.

'무능력에서 능력으로'가 현실태가 주어지지 않아서 잠재성을 경험하는 것이었다면, 잠재성을 가진 주체가 스스로 현실화를 거부함으로써 자신의 잠재성을 유지하는 경우도 있을 수 있다. 다시 브레히트의 예를 들면[41] 사실 브레히트는 전통적인 방식에 따라 작품을 만들 능력을 갖추고 있었고, 그렇게 쓴 초기 작품들로 큰 성공을 거뒀다. 브레히트가 전통적인 방식에 따라 작품을 만들어내지 못할 능력, 그래서 다른 방식으로 작품을 만들어낼 능력을 얻게 된 것은 그 이후의 노력을 통해서였다. 우리는 이것을 '무능력의 능력'이라고 부를 수 있다. 이때 무능력의 능력이란 '~할 수 없음'의 능력이라기보다는 '~하지 않음'의 능력에 가깝기 때문이다. 이런 의미에서 우리는 능력/무능력 또는 잠재성/비잠재성이 아니라 (무)능력 또는 (비)잠재성만을 이야기할 수 있다는 것이 아감벤의 주장이다.[42]

---

41) 물론 아감벤이 즐겨 인용하는 것은 허먼 멜빌의 단편소설 「필경사 바틀비: 월스트리트 이야기」(1853)의 주인공 바틀비이다. Giorgio Agamben, "Bartleby, or On Contingency," *Potentialities: Collected Essays in Philosophy*, ed. Daniel Heller-Roazen, Stanford, CA.: Stanford University Press, 1999, pp.243~271.

42) Agamben, "On Potentiality," p.183. 아감벤은 이 무능력의 능력을 "~이지만 ~이 아닌 것처럼 행동하기"로 표현하기도 한다. Giorgio Agamben, "'I Am Sure That You Are More Pessimistic Than I Am……': An Interview with Giorgio Agamben"(with *Vacarme*), *Rethinking Marxism*, vol.16, no.2, April 2004, pp.122~123. 다음도 참조하라. Giorgio Agamben, *The Time That Remains: A Commentary on the Letter to the Romans*, trans. Patricia Dailey, Stanford, CA.: Stanford University Press, 2005. [김상운·

어쩌면 이런 무능력의 능력을 구현하고 있는 존재는 어떤 물건을 원래의 용도와는 무관하게 맘껏 가지고 노는 아이, 보다 근본적으로는 유아기의 존재일 것이다.43) 아감벤이 말하는 '유아기'란 연대기적 시간의 흐름 속에서 파악된 인간 성장의 한 단계가 아니다. 그것보다는 오히려 어원 그대로의 의미에서의 유아기, 즉 말하지 못함/말할 수 없음$^{in\text{-}fans}$이라는 조건이다. 그러나 이 조건은 말하기를 가능하게 만들기에 말하기에 선행하면서도 말 속에서 전유·수탈되는 조건, 즉 순수한 언어경험을 가능케 하는 무언無言의 경험으로서 무수한 가능성을 지금 이곳으로 끌어올 수 있는 조건이다.

이렇듯 아감벤에게 몸짓의 회복이란 순수 (비)잠재성으로서의 무능력의 능력을 회복해 스스로를 아무것도 씌어 있지 않은, 그래서 무엇이든 새로 쓸 수 있는 '텅 빈 서판'$^{tabula\ rasa}$으로 만드는 것이다. 그로부터 자신의 사유와 몸짓을, 더 나아가 자신을 둘러싸고 있으며 그것을 가지고 행위를 시작할 일체의 수단을 목적 없는 수단(스스로 매개체-임을 드러내는 매개체)으로 만들어야 한다. 우리의 의지와는 상관없이 기존에 부여된 목

양창렬 옮김, 『남은 시간: 로마인들에게 보낸 편지에 관한 주석』, 도서출판 난장, 근간.]

43) Agamben, "In Praise of Profanation," pp.85~86. [「세속화 예찬」, 124~125쪽]; *Infancy and History*, pp.4, 37, 60~61. [『유아기와 역사』, 13~14, 73~74, 103~109쪽.] 특히 2장 전체를 참조하라.

적으로부터 떨어져 나온 순수 수단이 될 때, 이 수단은 비로소 자유로운 사용의 가능성에 놓이게 된다. 따라서 아감벤이 지적했듯이 텅 빈 서판의 옳은 표현은 '라숨 타불라이'rasum tabulae, 즉 "첨필尖筆로 무엇인가를 새겨 넣을 수 있는 서판 위의 밀랍층"44)일 것이다. 일단 무엇인가를 새겨 넣으면 돌이킬 수 없는 텅 빈 서판과는 달리, 무엇인가를 다시 새겨 넣으려면 그 위의 밀랍을 그저 다시 복구하기만 하면 되는 서판 말이다. 그럴 때에야 이 목적 없는 수단은 '끝없는 중간/매개체'로서 기능할 수 있을 것이고, 우리는 이 순수 수단으로 현실/삶과의 분리를 극복해 파괴된 경험을 되찾을 수 있을 것이다.

4. 행복한 삶으로서의 삶-의-형태

아감벤의 작업을 오늘날의 정치적 조건에 관한 진단으로 활용하길 원하는 사람들이 가장 많이 주목하는 것은 아마도 '벌거벗은 생명'nuda vita이라는 개념일 것이다. 실제로 이 개념은 난민들의 국제법적 지위, 자살폭탄자, 브라질에서 빈곤으로 고통

---

44) Agamben, "Bartleby," *The Coming Community*, pp.36~37. [이경진 옮김, 「바틀비」, 『도래하는 공동체』, 꾸리에, 2014, 58쪽.] 이런 점에서 라숨 타불라이는 '신비스런 글쓰기 판'(Wunderbock)에 가깝다. 지크문트 프로이트, 박찬부 옮김, 「신비스런 글쓰기 판에 대한 소고」, 『정신분석학의 근본 개념』, 열린책들, 2004, 433~442쪽.

을 받고 있는 HIV 반응자들의 사회적 지위 같은 다양한 현상을 이해하기 위한 도구로 활용되고 있다. 그러나 이 개념은 아감벤의 수많은 개념 중에서도 많은 오해를 받고 있는 개념 중 하나일 것이다. 대표적인 오해가 이 개념을 자연적 생명, 즉 신진대사를 하고 영양생식을 하는 생명과 동일시하는 것이다.[45] 물론 이런 오해는 아감벤의 개념적 혼란과 짝짓기의 미끄러짐 때문에 발생하는 것이기도 한데, 실제로 아감벤은 종종 자연적 생명을 가리키기 위해 이 개념을 사용하곤 한다.

그러나 벌거벗은 생명이 단순히 신진대사나 영양생식의 삶과 동의어라면, 아감벤이 말하는 새로운 '삶-의-형태'를 이해하기가 힘들게 된다. 무엇보다도 우리는 『호모 사케르』에서, 그리고 다른 텍스트들에서 네 가지 범주의 생명/삶이 있음에 유

---

[45] 잘 알려져 있다시피 이 개념은 살아 있음 자체를 지칭하는 조에(zoē), 그리고 한 개인이나 집단에 고유한 살아가는 방식이나 형태를 지칭하는 비오스(bios)의 구분에 근거한다. 그러나 많은 이들의 지적처럼 고대 그리스의 용법에서 아감벤이 주장하는 식의 명확한 구분을 찾아내기란 쉽지 않다. 예를 들어서 소포클레스의 『필록테테스』에서의 용법을 참조하라. Sophocles, *Ajax/Electra/Trachiniae/Philoctetes*, trans. Francis Storr, Cambridge, MA.: The Loeb Classical Library, 1961, p.442. [천병희 옮김, 「필록테테스」, 『소포클레스 비극 전집』, 도서출판 숲, 2008, 456~457쪽.] 또한 다음을 참조하라. "비오스와 조에(혹은 젠)를 구분하기란 까다로울 뿐만 아니라 근거도 불확실하다." Jacques Derrida, *Rogues: Two Essays on Reason*, trans. Pascale-Anne Brault and Michael Nass, Stanford, CA.: Stanford University Press, 2007, p.24. [이경신 옮김, 『불량배들: 이성에 관한 두 편의 에세이』, 휴머니스트, 2003, 72쪽.]

의해야 한다. 조에(자연적 생명), 비오스(정치적 삶), 벌거벗은 생명, 그리고 '행복한 삶'으로서의 삶-의-형태. 조에가 폴리스의 영역에 도입된 사태를 근대(성)의 결정적 사건으로 본 미셸 푸코를 우회적으로 비판하며 아감벤이 지적하려고 한 것은 조에가 이미 항상 정치에 포함되어 있다는 사실이었다. 즉, 아감벤이 문제시하는 것은 단순히 폴리스의 영역에 조에가 도입됐다는 사태가 아니라 조에가 폴리스의 영역에 '포함적으로 배제되는' 복잡한 구조이다. 요컨대 아감벤에게 순수한 조에와 비오스 같은 것은 없다. 정작 문제는 조에라는 극과 비오스라는 극 사이에 만들어진 예외상태 속에서 죽은 상태로 살게 만드는 주권자의 예외적 폭력에 노출되는 한에서만 출현하는 벌거벗은 생명이다(조에 대 비오스라는 '근거가 불확실한' 구분을 주장함에도 아감벤의 논의가 유용한 이유가 이 때문일 것이다).

따라서 아감벤은 스펙터클에 대해서 그랬듯이 자신의 언어 모델에 근거해 주권권력의 작동방식을 분석함으로써 푸코의 논의를 보다 정교화한다.[46] 앞서도 살펴봤듯이 목소리는 취소되는 동시에 보존되는 것인 한에서만 소리로서 부수적으로 출현한다. 이와 마찬가지로 모든 국가의 기반이 되는 자연적 생명

---

[46] 아감벤의 사유에 존재하는 언어 모델과 주권권력 모델의 상동성에 대한 분석으로는 다음을 참조하라. 양창렬, 「조르조 아감벤: K」, 『현대 정치철학의 모험』, 도서출판 난장, 2009.

역시 주권자(또는 법)가 가진 생살여탈권에 의해 언제든 취소되고 보존될 수 있는 한에서만 벌거벗은 생명으로서 출현한다 (이런 점에서 '포함적 배제'라는 아감벤의 개념은 언어-상품-스펙터클을 낳는 이중의 분리와 동형적이다). 아감벤이 근대 민주주의의 특징을 "끊임없이 벌거벗은 생명 그 자체를 하나의 삶의 방식으로 변형시키려 한다는, 즉 '조에의 비오스'를 찾아내려고 한다는 점"[47])에서 찾는 이유가 여기에 있다.

결국 벌거벗은 생명은 여전히 예외의 형태로, 즉 배제를 통해서만 포함되는 어떤 것으로서 정치에 포섭되어 있는바,[48]) 새로운 삶-의-형태를 정립하려는 아감벤의 정치적 기획은 무엇보다 조에와 비오스의 어떤 분리도 허용하지 않는 '실질적인 예외상태'를 도래시키려는 몸짓이다. 벌거벗은 생명이나 새로운 삶-의-형태나 모두 조에와 비오스의 분리가 불가능한 위상학적 미결정성의 지대에서 출현하지만, 후자의 경우 조에와 비오스는 존재의 고유한 역량의 완전함 속에서 통일된다. 그래서 이때의 분리불가능성은 자연적 생명과 정치적 삶의 피에 젖은 분리에 더 이상 근거하지 않는 삶, 오로지 자기 자신에만 근거해 순수한 내재성에서 살아가는 삶, 자신의 고유한 통일성에 대한 경험 속에서 살아가는 삶의 토대가 된다.

---

47) Agamben, *Homo Sacer*, p.9. [『호모 사케르』, 47쪽.]
48) Agamben, *Homo Sacer*, p.11. [『호모 사케르』, 50쪽.]

아감벤의 표현을 그대로 쓰면 이런 삶-의-형태는 그 형태와 분리될 수 없는 삶, 살아가는 방식 속에서 삶 자체가 문제가 되는 삶, 살아가는 와중에 무엇보다 살아가는 방식 자체가 문제가 되는 삶이다. 그런 삶이란 도대체 무엇인가? 아감벤은 이렇게 설명한다. 살아가는 모든 방식, 모든 행위, 모든 과정이 결코 그저 사실이 아니라 항상 무엇보다 삶의 가능성이며, 항상 무엇보다 역량인 삶이라고. 그렇다면 우리는 이 삶을 적극적인 의미에서의 목적 없는 삶, (아감벤이 말했듯이 무엇인가를 제작할 수도 있고 제작하지 않을 수도 있는, 성공할 수도 실패할 수도 있는, 자신을 잃을 수도 발견할 수도 있는) 역량을 지닌 존재로서의 자기 자신을 순수 수단으로 삼아 존재의 무한한 가능성을 실험하는 삶이라고 말할 수 있지 않을까?

따라서 새로운 삶-의-형태는 행복이 문제가 되는 삶이다. 아감벤이 정치철학의 기초가 되어야만 한다고 주장하는 '행복한 삶'이란 더 이상 주권권력이 자신의 고유한 신민/주체를 만들기 위해서 양산하는 벌거벗은 생명일 수 없으며, 우리가 오늘날 신성화하려고 헛되이 시도하는, 근대 과학과 생명정치에서 말하는 외부의 영향을 받지 않는 고립된 삶일 수도 없다. 반대로 행복한 삶이란 충족한 삶, 절대적으로 세속적인 삶이며, 삶 자체의 고유한 역량을 완성함으로써 그것의 고유한 소통가능성을 완성하는 데 도달한 삶이다. 이 삶에는 주권도 법도 그 어떤 영향을 미칠 수 없다(125쪽).

지난 2006년 아감벤은 푸코의 '장치'dispositif 개념을 다시 사유하면서 이 개념에 더 큰 일반성을 부여한 바 있다. 그에 따라 아감벤은 "생명체들의 몸짓, 행동, 의견, 담론을 포획, 지도, 규정, 차단, 주조, 제어, 보장하는 능력을 지닌 모든 것을 문자 그대로 장치라고 부를 것"을 제안했는데 이런 장치에는 "감옥, 정신병원, 판옵티콘, 학교, 고해, 공장, 규율, 법적 조치 등과 같이 권력과 명백히 접속되어 있는 것들뿐만 아니라 펜, 글쓰기, 문학, 철학, 농업, 담배, 항해[인터넷서핑], 컴퓨터, 휴대전화 등도, 그리고 (왜 아니겠는가마는) 언어 자체"도 속한다("언어는 가장 오래된 장치인지도 모른다").49)

자신이 말한 스펙터클의 사회가 등장한 지 60여 년이 되던 해50)에 발표한 『스펙터클의 사회에 대한 논평』에서 이제는 집

---

49) Giorgio Agamben, "What Is an Apparatus?," *What Is an Apparatus and Other Essays*, trans. David Kishik and Stefan Pedatella, Stanford, CA.: Stanford University Press, 2009, p.14. [양창렬 옮김, 「장치란 무엇인가?」, 『장치란 무엇인가? 장치학을 위한 서론』, 도서출판 난장, 2010, 33쪽.]

50) 드보르는 명확한 설명 없이, 자신이 『스펙터클의 사회』를 썼던 1967년 당시 '스펙터클의 사회'가 등장한 지는 40년밖에 안 됐다고 말했다. Guy Debord, *Comments on the Society of Spectacle*, trans. Malcolm Imrie, London: Verso, 1998, p.3. 그렇다면 스펙터클의 사회는 1927년 등장했다고 봐야 하는데 이 해는 텔레비전이 기술적으로 완벽해진 해이자, 최초의 유성영화 『재즈싱어』가 나온 해이며, 파시즘과 스탈린주의가 부각되던 해로서 상당히 상징적인 해이다(또한 이 해는 벤야민이 '아케이드 프로젝트'를 시작한 해이기도 하다). Jonathan Crary, "Spectacle, Attention, Counter-Memory," *October*, no.50, Fall 1998, pp.100~105.

중된 스펙터클과 산재된 스펙터클이 통합된 스펙터클 속에서 하나의 실체로 통일됐다고 말했을 때, 많은 사람들은 드보르가 이런 장치들이 돌이킬 수 없을 만큼 우리의 삶을 옥죄고 있다는 데 절망했다고 생각했다(1994년 11월 30일 드보르가 권총으로 자살하자 이 믿음은 돌이킬 수 없는 사실로 여겨지게 됐다). 그로부터 또 20여 년이 지난 뒤에 아감벤 역시 "우리가 지금 살고 있는 이 자본주의적 발전의 최종 단계를 장치들의 거대한 축적과 증식으로 정의한다고 해도 그리 틀린 것은 아닐 것"이며, "확실히 호모 사피엔스가 등장한 이래 장치는 늘 존재했다. 그렇지만 오늘날에는 개인이 살아가면서 어떤 장치의 주조·오염·제어를 겪지 않을 때는 단 한순간도 없다고 말할 수 있다"[51]라고 언급한다. 그렇지만 아감벤의 이런 목소리에는 절망의 그림자가 드리워져 있지 않다.

어느 논평자는 드보르의 죽음을 유례없이 증대된 스펙터클 사회의 권력에 여하한 영향도 끼치지 못했다는 사실을 참아낼 수 없었던 회한에 가득 찬 인물[52]의 죽음으로 묘사한 바 있다. 그러나 많은 사람들의 생각(또는 기대)과는 달리 아감벤을 회한에 가득찬 인물로 묘사하기란 힘들 것이다. "장치들이 삶의

---

51) Agamben, "What Is an Apparatus?," p.15. [「장치란 무엇인가?」, 35쪽.]

52) Joshua Glenn, "The Death of a Situationist: Polemicist Guy Debord Spent His Life Hating His Fame," *Utne Reader*, September/October 1995.

모든 영역에 그 권력을 침투시키고 분산시키면 시킬수록, 통치의 앞에는 붙잡을 수 없는 요소가 더 출현하게 된다. …… 역사의 종말이라는 예고 대신에 우리가 사실상 목도하고 있는 것은 [통치]기계의 끊임없는 공회전이다"[53)]라고 말하며 장치들에 개입하려는 사람을 어떻게 그렇게 부를 수 있겠는가? "폭력으로써 세계를 변경시키려고 하지 않고, 다만 세계를 조금 바로잡게 될 그런 메시아"[54)]가 들어올 수 있는 문을 열려고 하는 아감벤의 정치적 기획에 동의하든 안 하든 그건 자유겠지만, 이 모든 게 자신과는 상관없다는 듯이 어깨를 으쓱대는 사람들은 맑스가 당대의 독일 노동자들에게 들려줬다는 고대 로마의 시인 호라티우스의 말을 되돌려 받을 수밖에 없을 것이다. "이것은 당신의 이야기요!"De te fabula narratur

---

53) Agamben, "What Is an Apparatus?," p.23.-[「장치란 무엇인가?」, 47쪽.]
54) 발터 벤야민, 반성완 옮김, 「프란츠 카프카」, 『발터 벤야민의 문예이론』, 민음사, 1983, 89쪽.

찾아보기

ㄱ

각성(risveglio) 67
개그(gag) 71, 72
걸프 전쟁(La guerra Golfo) 115
겉모습(apparenza) 102~106, 108
경제(oikonomia) 151
경찰[치안](Polizia) 28, 52, 91, 92, 121
   주권적 경찰(Polizia sovrana) 97~98, 115~119
   치안작전(operzione di polizia) 92, 115, 117, 118
경험의 파괴(distruzione dell'esperienza) 201
계급투쟁(lotta di classe) 42, 43
고르바초프(Mikhail Gorbachev) 98
고백(confessioni) 132, 133, 144
고유화/전유(appropriazione) 101, 107, 122, 123, 128, 129
   탈-고유화(de-propriazione) 111, 122, 128, 129
공동체(comunità) 15, 21, 22, 76, 77, 80, 81, 96~98, 100~102, 106, 121
   유럽공동체(Comunità Europea) 33, 35

   인간공동체(comunità umana) 146, 152
   정치공동체(comunità politica) 26, 34~37, 125, 131
관료계급(classe di burocrati) 29, 106, 110
구별되지 않는 지대(zona d'indifferenza) 9, 36, 50
구체제(Ancien Régime) 30, 31, 95, 120, 126, 138, 146
국민국가(Stato-nazione) 10, 25, 26, 28~37, 52~55, 120, 135, 150, 151
   국민(nazione) 30~32, 34~36, 52~54, 120
   귀화국적박탈(denaturalizzazione) 27
   국적박탈(denazionalizzazione) 27, 53
   국적박탈(denazionalizzazione) 27, 53
국제상황주의자(Internationale Situationniste) 85
   북서항로(passage du Nord-Ouest) 88, 169n11
   상황(situation) 87~90
   지도그리기(Cartografi[c]a.) 82
   『국제상황주의자』(*Internationale situationniste*)[잡지] 87

ㄴ

나치(Nazi) 32, 44~55, 92, 117, 148
  궁극의 해결책(Die Endlösung) 32, 45, 50, 55
  뉘른베르크법(Leggi di Norimberga) 28, 32, 50, 53
  보호검속(Schutzhaft) 48, 49
  아이히만(Adolf Eichmann) 118
  히틀러(Adolf Hitler) 49, 87, 153
  힘러(Heinrich Himmler) 49
난민(rifugiato) 10, 24~37, 52
  국제난민기구(International Refugee Organization) 28
  국제연합난민고등판무관사무국(Office of the United Nations High Commissioner for Refugees) 28
  난센사무국(Bureau Nansen) 28
  소수민족조약(Minority Treaties) 26
  피난처(refugium) 35, 131
낭시(Jean-Luc Nancy) 123, 127
  공현(comparution) 127, 129
  무위의 공동체(La Communauté désoeuvrée) 129
  추방(band[o]) 123
니체(Friedrich Nietzsche) 63, 88
  결정적 실험(Experimentum crucis) 88
  영원회귀(Die Ewige Wiederkunft) 63
  『즐거운 학문』(*Die fröhliche Wissenschaft*) 88
  『차라투스트라는 이렇게 말했다』(*Also sprach Zarathustra*) 63

ㄷ

다 빈치(Leonardo da Vinci) 66
  「모나리자」(Mona Lisa) 66
단테(Dante Alighieri) 22, 79, 110
  『속어론』(*De vulgari eloquentia*) 79
  『제정론』(*De monarchia*) 22
대중지성(Intellettualità di massa) 129, 175n11
도래하는 공동체(La comunità che viene) 218, 219
동물(animali) 13, 104
뒤몽(Louis Dumont) 41
  위계적 관계(Relation hiérarchique) 41
드보르(Guy Debord) 8~101, 191~202, 229
  『스펙터클의 사회』(*La société du spectacle*) 82, 91
  『스펙터클의 사회에 관한 논평』(*Commentaires sur la société du spectacle*) 82, 91
들뢰즈(Gilles Deleuze) 65, 83
  도래할 인민(peuple à venir) 129
  도주선(linee di fuga) 55
  운동-이미지(L'image-mouvement) 65

ㄹ

라 투레트(Georges Gilles de la Tourette) 59~63
  발자국 측정법(La méthode des empreintes) 60
  투레트 증후군(Le syndrome de la Tourette) 61~63
레비(Primo Levi) 142
로렌츠바이크(Franz Rosenzweig) 79, 109
로베스피에르(Maximilien de Robespierre) 39

루게(Arnold Ruge) 142
뤼미에르 형제(Auguste et Louis Lumière) 63
릴케(Rainer Maria Rilke) 64

ㅁ

마레(Étienne-Jules Marey) 63, 212~214
마르실리우스(Marsilio da Padova) 125
마차도(Antonio Machado) 52
마키아벨리(Niccolò Machiavelli) 83
　『군주론』(Il Principe) 83
마피아(Mafiosi) 138, 139
만국박람회(The Universal Exhibition)
　영국(1851년) 84, 85
　프랑스(1867년) 84
말라르메(Stéphane Mallarmé) 70
　순수한 사이(milieu pur) 70
맑스(Karl Marx) 17, 22, 42, 84, 85, 93, 99, 107, 121, 127, 142
　상품물신성(Warenfetisch) 84, 85, 193, 198, 199
　일반지성(General Intellect) 22, 127
　『자본』(Das Kapital) 84, 85
매개성(medialità) 67~72, 127, 128
머이브리지(Eadweard Muybridge) 60, 66
메더워 부부(Peter and Jean Medawar) 18
모상(simulacro) 110
목적[지](telos) 121~123, 150, 151
몸짓[성](gesto[-ualità]) 10, 59~72, 89, 90, 104, 105, 209~223
몽테스키외(Charles de Secondat, baron de Montesquieu) 124

무위(inoperosità) 151~153
물티투도(Multitudo) 22
미디어(media) 90~93, 106, 107, 134, 135, 150
　광고(pubblicità) 105, 106, 110, 148, 207
　매체화(mediatisation) 192
밀네르(Jean-Claude Milner) 147

ㅂ

바깥영토(extraterritorialità) 35~37
바디우(Alain Badiou) 98, 120
　자본-의회주의(le capital-parlement) 120
　충실성(fidélité) 129
바로(Marcus Terentius Varro) 67, 68
　수행(gerere)·제작(facere)·행위(agere) 67~69
바르부르크(Aby Warburg) 64, 65
　『므네모시네』(Mnemosyne) 64
바벨(Babel) 79
바타이유(Georges Bataille) 18
발자크(Honoré de Balzac) 59
　『보행 이론』(Théorie de la démarche) 59
발푸르기스의 밤(Walpurgisnacht) 86, 87
베를루스코니(Silvio Berlusconi)
베케트(Samuel Beckett) 66
　『밤과 꿈』(Nacht und Traäume) 66
벡커-호(Alice Becker-Ho) 74, 76
벤야민(Walter Benjamin) 17, 21, 65, 74, 76, 80, 116, 125
　메시아적 전위(Spostamento messianico) 89
　순수 언어(die reine Sprache) 80, 81

벨라스케스(Diego Velàzquez) 66
「시녀들」(Las Meninas) 66
보댕(Jean Bodin) 39
『국가론』(Les six livres de la République) 39
보테로(Giovanni Botero) 138
부르고뉴 공작(Le duc de Bourgogne) 117
부르주아지(bourgeoisie) 59, 63
부시(George Herbert Walker Bush) 98
분리(separazione) 14, 15, 17, 20, 22, 23, 31, 35, 45, 94~97, 99, 104, 106, 107, 126, 196~202
붉은여단(Brigate Rosse) 138
비용(François Villon) 80
비트겐슈타인(Ludwig Wittgenstein) 72

ㅅ
사물성(cosalitaà) 20
사실성(fatticita) 20
사유의 경험(L'esperienza del pensiero) 21
사형(pena capitale) 116, 117
 ~집행인(boia) 117, 119
사회체(societas) 100
삶-의-형태(Forma-di-vita) 13~23
색스(Oliver Sacks) 62
생명(vita) 10~19, 29~31, 51~54
 벌거벗은 생명(nuda vita) 15~23, 30, 31, 42~53, 124, 125, 131, 143, 151
 비오스(bios) 13, 30, 42, 149, 150
 조에(zoē) 13, 30, 42, 149, 150, 153
 탄생/출생(nascita/nativo) 29~32, 34, 36, 52~55

생명정치(biopolitica) 9, 18, 31, 42, 43~46, 51, 55, 125
생살여탈권(vitae necisque potestas) 15, 16
샤르코(Jean-Martin Charcot) 61
 『화요일 강의』(Leçon du mardi à la Salpêtrière) 61
세계의 박물관화(la museificazione del mondo) 170n16, 197
세나(Ayrton Senna) 133
세속화/신성모독(profanazione) 18, 79
셰키나(Schechina) 93~97
소외(alienazione) 93, 95, 96, 107
소통(comunicazione) 21, 70~72, 91, 95, 106, 109, 126~128
 공통된 것의 소통(comunicazione di un comune) 21
 소통가능성의 소통(comunicazione di una comunicabilità) 21, 71, 93, 95, 103, 107, 109, 111, 125, 126
숄렘(Gershom Scholem) 79
수단(Mezzi) 67~72, 126~129
 목적 없는 수단(mezzi senza fine) 69, 127, 209, 210, 219~223
 수단으로-존재함(esser-mezzo) 71
 순수 수단(mezzi puri) 10, 72
수용(espropriazione) 10, 20, 93, 94, 107, 126, 135
수용소(campo) 47~55, 130~133
 강제수용소(campo di internamento) 9, 32
 아우슈비츠(Auschwitz) 90~93, 130, 131, 153
 오마르스카(Omarska) 130, 131, 153
 집중수용소(campos de concentraciones) 48

몰살수용소(campo di sterminio) 32, 34
수치(vergogna) 135, 141~143
슈미트(Carl Schmitt) 53, 97, 118, 123, 124
  [대지의] 노모스(Der Nomos [der Erde]) 47, 52~55
  유럽 공법(jus publicum Europaeum) 118, 121
  장소확정(Ortung) 52~54
  질서(Ordnung) 52~54
스펙터클(spectacle) 10, 82~101, 106, 115, 133, 146, 191~196
  민주주의-스펙타클 사회(società democratico-spettacolari) 10, 90~93, 97~99, 120, 126, 134
  산재된([le spectaculaire] diffus)~ 91
  집중된(concentré)~ 92
  통합된(intégré)~ 91, 97, 120
스피노자(Benedict de Spinoza) 83, 127, 139
  『윤리학』(Ethica) 83, 139
시뮬타스(simultas) 110
시민(cittadino) 23, 26~29, 32~37, 40, 46, 50, 53, 97, 135, 137, 143, 148
  비시민(non-cittadino) 33, 34, 36
  신민(suddito) 31
  인간(uomo)/인민(popolo)~ 10, 17, 23, 29, 31, 32, 51, 78, 118
시에예스(Emmanuel-Joseph Sieyès) 39

ㅇ

아렌트(Hannah Arendt) 24
  「우리 난민들」(We, Refugees) 24, 29, 36, 39, 50
아르기아(argia)/아르고스(argōs) 152
아르케(archē) 123
아리스토텔레스(Aristoteles) 68, 151
  잠재태(potenza)와 현실태(atto) 20, 63, 83, 90, 109, 22~224
  『니코마코스 윤리학』(Ethika Nikomacheia) 68, 151
아베로에스주의(Averroismo) 22, 125, 152
아벨(Karl Abel) 40
  원형어(Urworte) 40, 41n**
아벨라르(Pierre Abelard) 139
아폴리네르(Guillaume Apollinaire) 153
안드로포프(Yuri Andropov) 98
알튀세르(Louis Althusser) 85
언어활동(linguaggio) 10, 71, 79, 80, 81, 87, 93, 95~97, 102, 103, 106, 107, 122~129
  말한다는 사실(factum loquendi) 76~80, 96, 126, 127
  언어경험(Experimentum linguae) 96, 128
  언어활동-안에-있음(essere-nel-linguaggio) 71, 72, 101, 127
얼굴(volto) 102~111
에리뉘에스들(Erinýes) 136
에토스(Ēthos) 68
엑소더스(exodus) 20, 35, 36, 83, 143
역량(potenza) 14, 16, 20~23, 63, 71, 83, 90, 95, 109, 110, 124, 125, 127
  무능력(impotenza) 21, 124, 221~225
열림(aperto) 102~104, 107
영화(cinema) 63~67, 204~211
예수(Cristo) 145

예외상태(stato di eccezione) 9, 16, 17, 48~51, 53, 54, 116, 123, 124, 143, 149
    계엄상태[계엄령](stato di assedio) 48
    긴급상태([stato di] emergenza) 17
유사성(similis) 110
유아[기](Infanzia) 224, 225
융(Carl Gustav Jung) 64
은어(langage exquis) 73~81
    아르고(argot) 74, 75, 77, 80
    은어성(gergalità) 79
    트로바르 클루스(Trobar clus) 80, 81
인권(diritti dell'uomo) 24~37, 100
    「인간과 시민의 권리선언」(Déclaration des droits de l'Homme et du citoyen) 29~31
인민(popolo) 25, 36~46, 76~81, 99
    다수성의 사실(factum pluralitatis) 76, 80
    로마 43
    미국 38, 39
    프랑스 39
임의의 독특성(singolarità qualunque) 98~101, 129

ㅈ·ㅊ

자본주의(capitalismo) 23, 44, 45, 85, 88, 93, 107, 143
자연상태(stato di natura) 16
자유로운 사용(uso libero) 128, 129, 212, 225
정체성(identità) 17, 21, 78, 81, 89, 90, 96~101, 107, 152
    탈-정체화(de-identificazione) 111
정치적 신체/정치체(corpo politico) 40, 41, 44, 149, 150

제1차 세계대전(prima guerra mondiale) 26, 27, 49, 118, 150
제헌권력(potere costituente) 123, 136
    제정된 질서(ordine costituito) 137
    제헌된 권력(potere costituito) 136
조리오(Andrea De Jorio) 65
주권(Sovranità) 16, 17, 20, 23, 30, 31, 39, 40, 43, 85, 115~119, 123~125
    주권권력/통치권(imperium) 16, 116
    주권권력(potere sovrano) 10, 50
    주권자(sovrano) 16, 19, 52, 116~119
    지고성(Souveraineté) 18
집시(zingari) 32, 45, 73~75, 77, 79
체비(Sabbatai Zevi) 145

ㅋ

카네티(Elias Canetti) 86
카바피(Konstantin Kavafis) 153, 154
카프카(Franz Kafka) 132, 144, 150
    요제프 K(Josef K) 132, 143
    「굴」(Der Bau) 150
    『소송』(Der Prozeß) 132
칸토어(Georg Cantor) 101
    비정합적 다수성(Molteplicatà inconsistente) 101
칸트(Immanuel Kant) 70
    합목적성(Zweckmäßigkeit) 69~71
캐릭터(carattere) 107, 108
코키야르(Coquillards) 74, 80
    코키유(coquille) 74, 77
코메디아 델라르테(Commedia dell'Arte) 89, 90
코제브(Alexandre Kojève) 121, 151

크라우스(Karl Kraus) 86, 87
『세 번째 발푸르기스의 밤』(Dritte Walpurgisnacht) 86
크락시(Bettino Craxi) 135, 144
크리스털 궁전(Crystal Palace) 84
클라우제비츠(Carl von Clausewitz) 83

ㅌ·ㅍ
탄젠토폴리(Tangentopoli) 132
테러리즘(terrorismo) 98, 132, 136
톈안먼(天安門) 97~101
토마(Yan Thomas) 15
티미쇼아라(Timişoara) 90~93, 135
파노프스키(Erwin Panofsky) 65
파스콜리(Giovanni Pascoli) 64
판타스마고리아(fantasmagoria) 84, 85
팩스턴(Joseph Paxton) 84
포르노그래피(pornografia) 69, 104, 105, 110, 133, 207~209
포스터(Edward Morgan Forster) 153, 177n14
푸코(Michel Foucault) 9, 18, 149
  생명정치(biopolitique) 9, 18, 31, 42~46, 51, 55, 125, 157n10, 206~220, 224
  장치(dispositif) 51, 206~220, 225~227
프랑스혁명(Rivoluzione francese) 39, 43
프로이트(Sigmund Freud) 40, 45
  이드(Es) 45
  자아(Ich) 45
프루스트(Marcel Proust) 64

ㅎ
하이데거(Martin Heidegger) 121, 122, 129, 150
  생기(Ereignis) 121, 122
  현사실성(Faktizität) 151
함마(Tomas Hammar) 34
  거류민(Denizen) 34
행복(felicità) 14, 19, 125, 153
  행복한 삶(vita felice) 125, 223~227
허구/의제(finzione) 31, 32
헤겔(Georg Wilhelm Friedrich Hegel) 85, 121, 122, 151
  인정(Anerkennung) 122
헤라클레이토스(Herakleitos) 150
헬러(Agnes Heller) 33
  「피보호권에 관한 열 가지 테제」 (Zehn Thesen zum Asylrecht) 33
호모 사케르(homo sacer) 10, 51
홉스(Thomas Hobbes) 16
회개(pentimento) 132, 138~142, 145
후야오방(胡耀邦) 100

목적없는 수단
정치에 관한 11개의 노트

초판 1쇄 발행 | 2009년 11월 12일
초판 2쇄 발행 | 2016년 10월 10일

지은이 | 조르조 아감벤
옮긴이 | 김상운, 양창렬
펴낸곳 | 도서출판 난장·등록번호 제307-2007-34호
펴낸이 | 이재원
주   소 | (04380) 서울시 용산구 이촌로 105(한강로 3가 40-879) 이촌빌딩 1층
연락처 | (전화) 02-334-7485 (팩스) 02-334-7486
블로그 | blog.naver.com/virilio73
이메일 | nanjang07@naver.com

책값은 뒤표지에 있습니다.
잘못 만들어진 책은 구입한 서점에서 바꿔드립니다.
ISBN 978-89-961268-6-7   03300

이 도서의 국립중앙도서관 출판예정도서목록(CIP)은
서지정보유통지원시스템 홈페이지(http://seoji.nl.go.kr)와
국가자료공동목록시스템(http://www.nl.go.kr/kolisnet)에서 이용하실 수 있습
니다.(CIP제어번호: CIP2009003264)